THE POWER OF YOUR MIND

Walk in divine excellence and transform your world
through the power of a renewed mind

CHRIS OYAKHILOME, D.SC., D.D.

마음의 능력

크리스 오야킬로메 지음 | 김진호 옮김

새로워진 마음의 능력을 통해 하나님의 탁월함으로 살고
당신의 세계를 변화시키십시오

믿음의말씀사

THE POWER OF YOUR MIND
ISBN 978-978-51521-5-9
Copyright ⓒ 2016 LoveWorld Publications
e-mail: cec@christembassy.org
website: www.christembassy.org

2016 / Korean by Word of Faith Company, Korea.
Translated and published by permission. Printed in Korea.

마음의 능력

발행일 1판 1쇄 · 2016년 7월 9일
          1판 3쇄 · 2022년 4월 30일

지은이 크리스 오야킬로메
옮긴이 김진호
발행인 최순애
발행처 믿음의말씀사
2000. 8. 14 등록 제 68호
(우) 16934 경기도 용인시 기흥구 신정로 301번길 59
Tel. 031) 8005-5483 Fax. 031) 8005-5485
http://faithbook.kr

ISBN 89-94901-66-3 03230
값 10,000원

본 저작물의 한국어판 저작권은 LoveWorld Publishing와의
독점 협약으로 '믿음의 말씀사' 가 소유합니다. 저작권법에 의해
한국 내에서 보호를 받는 저작물이므로 무단 전재와 복제를 금합니다.

본 책에 인용된 성경 구절은 개역개정이며, 예외의 경우에는 따로 표기함.

| 목차 |

서론 _ 7

제1장 마음을 새롭게 하기: 마음 관리의 개념 _ 11
제2장 마음을 이해하기 _ 17
제3장 이것들을 생각하라 _ 35
제4장 당신의 마음을 바르게 사용하십시오 _ 45
제5장 육신적인 마음 대 영적인 마음 _ 55
제6장 생각의 능력 _ 61
제7장 견고한 진 무너뜨리기 _ 75
제8장 부정적인 생각과 감정을 다루기 _ 87
제9장 걱정하지 마십시오 _ 95
제10장 태도 – 당신의 정신적 성향 _ 103
제11장 먼저 안으로부터 보십시오 _ 113
제12장 낮은 소리로 읊조리기 – 창조의 시간 _ 125
제13장 모든 것을 새롭게 보십시오 _ 139

결론: 날마다 새롭게 되십시오 _ 145

학습 가이드 _ 153

서론

하나님께서 주신 도구

하나님께서는 우리가 그리스도 예수 안에서 물려받은 하나님의 축복을 지속적으로 즐기며 승리하는 삶을 살기를 가장 원하십니다. 그렇지만 많은 사람들이 하나님께서 이미 허락하신 것들을 사용하지 못하여서, 영광스러운 삶을 누리지 못한 채 여전히 고군분투하고 있습니다. 그러나 인자하신 하나님께서는 당신이 다양한 축복을 이용하고 완전히 소유할 수 있도록 도울 특별한 도구를 주셨습니다. 그 도구는 바로 당신의 마음(mind)입니다!

하나님은 우리에게 몇 가지 놀라운 선물을 주셨는데 모두 특별한 기능이 있습니다. 예를 들어 하나님은 우리에게 입을 주셔서, 삶의 행로를 그리게 하시고 스스로 고백하여 구원에 이르게 할 뿐만 아니라, 구원의 완전한 유익을 누리게 하셨습니다

(롬 10:9-10). 로마서 12장 2절에서 바울은 하나님께서 주신 또 다른 놀라운 선물인 우리의 마음과 그 기능에 대해 말합니다.

> **롬 12:2**
> 너희는 이 세대를 본받지 말고 **오직 마음을 새롭게 함으로 변화를 받아** 하나님의 선하시고 기뻐하시고 온전하신 뜻이 무엇인지 분별하도록 하라

이것은 중요한 계시입니다. 성령에 의해 바울은, 하나님께서 우리의 변화를 위해 우리에게 마음을 주셨다는 것을 알려 줍니다.

영어로 "변화된(transformed)"이란 단어는 헬라어 "메타모르포오(metamorphoo)"에서 온 것으로, '한 형태나 상태나 수준에서 다른 상태로 변형되거나 변화된'는 말입니다.

위 구절이 "…변화되라"라고만 하고 끝났다면 우리는 어떻게 변화될 수 있는지 난처할 것입니다. 감사하게도 하나님은 어떻게 변화될 수 있는지 말씀해 주셨습니다! 우리는 마음을 새롭게 함으로써 변화됩니다. 핸드폰이나 자동차나 옷이나 집이나 은행 계좌를 바꿔서가 아닙니다. 원한다면 이 모두를 새로 바꿀 수는 있겠지만, 마음을 새롭게 하지 않는다면 당신은 여전히 변화되지 않을 것입니다. 왜냐하면 하나님은 당신을

변화시키는 도구로서 당신의 마음을 만드셨기 때문입니다. 우리가 말하고 있는 변화란 한 수준의 영광에서 다음 영광으로, 한 수준의 삶에서 더 높고 나은 수준으로 변화되는 것입니다. 하나님께 영광을 드립니다!

당신의 마음은 원하는 것은 무엇이든지 창조할 수 있는 무한한 가능성을 가지고 있습니다. 마음의 능력을 사용한다면 가능성은 끝이 없습니다. 성취하는 데 한계가 없으며, 삶에서 얼마나 높이 날아오를지를 제한할 수 있는 것이 아무것도 없습니다.

본질적으로 번영은 지역적 위치나 나라 경제에 따라 결정되는 것이 아닙니다. 당신의 삶은 크게 마음의 내용과 질에 따라 결정됩니다. 당신의 마음은 당신에 관한 것은 무엇이든지 바꿀 수 있기 때문입니다. 마음으로 당신은 인생을 위해 완전한 구조를 세우고 경영할 수 있으며 하나님께서 주신 최고의 특별한 삶을 살 수 있습니다.

그러나 모든 일이 일어나도록 하려면 마음을 사용하는 법을 알아야 합니다. 다른 말로 하면, 마음의 내용과 성품이 당신이 원하는 것을 끌어당길 수 있을 만큼 풍성하고 긍정적이어야만 합니다. 마음을 올바로 사용하지 못하면 정체되고 후퇴할 뿐입니다. 그러나 다음 수준의 영광, 더 높고 더 질 좋은 삶으로 변형되고 이동하기 원한다면, 마음을 바르게 사용하는 법을 배워야 합니다.

하나님의 영이 이 책을 통하여 당신이 마음을 사용하는 법을 발견하고 이해하게 해 주실 것입니다. 그러면 당신은 마음의 능력을 효과적으로 사용할 수 있게 되며, 승리하고 성공하고 생동하는 삶을 창조하는 길로 마음의 내용이 흘러가게 할 것입니다.

마음을 새롭게 하기: 마음 관리의 개념

당신이 그리스도께 나온 이후, 하나님께서는 하나님, 하늘 나라, 당신 자신, 당신의 환경, 주변 세계 및 인생 전반에 관한 새로운 사고방식을 주십니다. 그분께서는 당신에게 새로운 정보를 주시고 다른 사람들과 어떻게 관계하는지 보여 주십니다.

그래서 성경은 로마서 12장 2절에서 "마음을 새롭게 함으로 변화를 받으라"라고 말합니다. 다른 말로 하면, "세상 사람들처럼 행동하지 말고 마음을 새롭게 함으로써, 사고방식을 바꿈으로써, 하나님의 생각과 의견을 받아들임으로써, 당신의 아이디어를 하나님의 아이디어로 바꿈으로써, 하나님처럼 생각하고 말하는 것을 배움으로써, 변화를 받으라(변형되라, 탈바꿈하라)."라는 것입니다.

그러나 생각할 바른 재료, 즉 하나님의 말씀을 가지지 않고서는 하나님처럼 생각할 수 없습니다. 하나님의 말씀은 하나님의 생각이 어휘의 옷을 입고 있는 것입니다.

> 당신의 삶을 바꾸고 발전시키고 향상시키기 위해서는 마음을 새롭게 해야 합니다.

하나님은 더 생산적이고 성공적이고 형통하기 위해서, 우리가 우리의 생각에 영향을 끼칠 수 있다는 것을 보여주셨습니다. 당신은 마음을 다스림으로써 탁월함, 위대함, 성공, 형통을 나타낼 수 있습니다. 이는 당신의 책임이며, 하나님께서는 당신이 그렇게 하기를 기대하십니다.

성경은 마음을 관리하는 것이 얼마나 중요한지를 납득시킵니다. 이는 인격의 성품을 결정할 뿐만 아니라, 그 결과와 삶의 질까지도 결정합니다.

롬 12:1-2
그러므로 형제들아 내가 하나님의 모든 자비하심으로 너희를 권하노니 너희 몸을 하나님이 기뻐하시는 거룩한 산 제물로 드리라 이는 너희가 드릴 영적 예배니라 너희는 이 세대를 본받지 말고 오직 마음을 새롭게 함으로 변화를 받아 하나님의 선하시고 기뻐하시고 온전하신 뜻이 무엇인지 분별하도록 하라

질문: 당신은 삶을 바꾸기 원하십니까? 더 좋은 삶을 살기 원하십니까? 바울이 이 구절에서 당신의 삶을 바꾸고 발전시키고 향상시키기 위해서는 마음을 새롭게 해야 한다고 성령으로 말하고 있습니다.

나는 이 영적 원리를 **"마음 관리(Mind Management)"**라고 명명했습니다. 마음 관리는 당신의 마음(그 내용과 과정들)을 하나님의 말씀으로 재조직하고 재프로그램하는 것과, 하나님, 타인, 세상, 자신에 관한 당신의 생각과 개념과 마음가짐(mindset)을 하나님의 말씀과 일치하도록 하는 것을 말합니다.

하나님께서 당신의 마음을 새롭게 함으로써 변화를 받으라고 말씀하신 것은, 그 일을 해야 할 사람이 바로 당신이라는 것을 알려 주신 것입니다. 하나님께서 그 능력을 당신 안에 넣어주셨기 때문에 그것을 하라고 당신에게 지시하고 있는 것입니다.

당신은 마음의 표현입니다

오늘 당신이 어떤 사람인지는 당신의 마음이 어떻게 기능하느냐에 달려있습니다. 당신의 인격은 마음의 내용과 활동을 표현하고 있습니다. 성경은 그 마음(heart:심령)의 생각이 어떠하면 그의 사람됨도 그러하다고 말씀합니다(잠 23:7). 당신의 삶과 인격 전부(사는 방식, 하는 일, 말의 품격 등)는 당신의 마음의 표현입니다.

이제, 하나님께서는 당신이 마음을 관리할 수 있다는 것을 보여 주셨습니다. 당신은 마음을 관리하고 그 내용을 바꿀 수 있으며, 그러한 마음의 변화가 당신의 성품과 삶의 결과에 나타나게 될 것입니다.

당신의 가치를 높이십시오

마음을 관리하는 것은 당신의 가치를 증가시키고, 성공을 증가시키고, 상태를 향상시킴으로써 당신의 삶의 상황을 향상시키는 가장 중요한 원리입니다. 무엇인가에 대해 열심히 애쓰고 알고 있는 온갖 일을 다 했는데도 별로 성공하지 못했을 수 있습니다. 무엇을 더 할 수 있겠습니까? 마음 관리를 시작해보는 것은 어떻습니까? 이런 상황에 대하여 이전과 다르게 마음을 관리할 수 있습니까? 당신 정신의 하드 드라이브에 들어가서, 어떤 파일은 제거하고 어떤 파일은 새로 받아 설치해야 할지 볼 수 있겠습니까?

물론 할 수 있고 그렇게 해야만 합니다. 생각의 구조를 바꿈으로써 당신은 더 행복하고 더 성취하는 인생을 만들 수 있습니다.

우리는 여기에서 매우 중요한 점을 확립했습니다. 그것은 당신의 사고방식을 바꿈으로써, 즉 마음을 새롭게 하고 관리함으로써 당신의 인생을 바꿀 수 있다는 것입니다.

마음의 내용과 어떻게 마음을 새롭게 할 수 있는지에 관해 더 깊이 들어가기 앞서 마음 자체에 대해 더 알아봅시다.

2 마음을 이해하기

사람의 마음은 많이 연구되고 논의되어 왔지만, 여전히 과학적 실험으로 밝혀지거나 실험실에서 발견되지는 못했습니다. 실제로 세계 최고의 과학자, 의사, 역사가나 철학자들이 마음에 대해 아무리 훌륭하게 설명하더라도 추측에 불과합니다.

마음은 만져서는 느낄 수 없는 영적 실체이며, 오직 하나님의 말씀만이 마음이 무엇인지 정확히 밝혀줄 수 있기 때문입니다.

히 4:12
하나님의 말씀은 살아 있고 활력이 있어 좌우에 날선 어떤 검보다도 예리하여 혼(soul)과 영(spirit)과 및 관절과 골수를 찔러 쪼개기까지 하며 또 마음(heart;심령)의 생각과 뜻을 판단하나니 보통 사람의 마음(mind)으로는 마음을 이해하거나 설명할 수 없습니다. 혼과 영을 구별하려면 하나님의 말씀의 계시와 성령님의 능력이 필요합니다.

그러므로 우리는 마음에 대한 단순한 정의로부터 시작할 것입니다.

> 마음은 사람이 생각하고 추론하는 능력입니다. 마음은 상상, 인식, 이해의 능력이 있으며, 느낌과 감정을 다루어서 태도를 형성하고 행동을 하도록 합니다.

이 정의에서 중요한 단어는 "생각(thoughts)"입니다.

> 생각은 의미, 추론, 언어, 표현을 위해 창조, 기억, 되새김, 영상 처리를 하는 것입니다.

즉 당신은 의미를 파악하기 위해 창조하고, 기억하고, 되새기며, 영상을 처리할 수 있다는 뜻입니다. 다른 말로 하면, 당신이 가지고 있는 영상들에 의미를 부여할 수 있다는 것입니다. 뿐만 아니라 당신은 이런 영상들을 추론, 언어, 표현으로 처리할 수 있습니다. 이 모든 일은 마음에서 일어납니다.

당신의 눈이 어떤 영상을 보면, 당신의 마음이 그것을 해석

합니다. 그럴 때 비로소 당신은 실제로 보는 것입니다. 마음이 해석을 하지 못하면, 그 영상은 당신에게 아무런 의미도 없습니다. 예를 들어 당신이 아랍어로 된 책을 받았다고 합시다. 당신의 마음은 아랍어를 읽도록 훈련되지 않았기 때문에 당신은 그 책을 인식할 수가 없습니다. 제일 먼저는 글이 오른쪽에서 왼쪽으로 읽도록 되어 있다는 것에 놀랄 것입니다!

구약과 신약에 걸쳐 이 주제를 공부해보면, 당신은 마음이나 마음의 활동을 언급할 때 몇 개의 단어가 호환되어 쓰이는 것을 발견할 것입니다. 예를 들면 "생각(thoughts)", "추론(reason, reasoning)", "상상(imagination)", "생각하기(thinking)", "성향(inclination)" 같은 단어입니다.

한 성경에는 "생각"이라고 되어 있는데, 다른 번역본에서는 "추론"이라고 표현한 것을 발견하게 될 것입니다.

"마음(mind)," "혼(soul)," "심령(heart)"이라는 단어들이 서로 바뀌어 사용된 것도 발견할 것입니다. 그러나 마음(mind)은 심령(heart)이 아니며, 심령(heart)은 혼(soul)이 아닙니다. 때때로 혼(soul), 심령(heart), 심령에 숨은 사람(the hidden man of the heart), 영(spirit)은 (사람의 영과 그의 혼을 구성하고 있는)

> 마음은 만져서는 느낄 수 없는 영적 실체이며, 오직 하나님의 말씀만이 마음이 무엇인지 정확히 밝혀줍니다.

속사람을 묘사하는 데 사용되고 있습니다.

그러나 이런 단어들은 성경 전체에서 동의어로 사용된 속사람에 대한 포괄적인 표현일 뿐입니다. 이런 단어들은 마음의 현상과 활동을 표현하는 데 사용된 수많은 동의어의 일부에 지나지 않습니다. 그러므로 마음을 더 잘 이해하기 위해서는 인간에 대한 성경적인 정의와 묘사에 관하여 분명히 이해해야 할 필요가 있습니다.

겉사람과 속사람

무엇보다 사람은 겉사람과 속사람이라는 이중적 본성을 가지고 있습니다. 고린도후서 4장 16절에서 바울은 이 둘을 분명하게 구별하였습니다. "그러므로 우리가 낙심하지 아니하노니 우리의 겉사람은 낡아지나 우리의 속사람은 날로 새로워지도다."

바울은 겉사람과 속사람이 있다는 것을 우리에게 알려 주었습니다.

겉사람은 육체와 오감(시각, 청각, 후각, 촉각, 미각)을 가지고 있습니다. 이런 감각들은 사람을 환경과 연결하는 매개체입니다. 그래서 사람의 몸은 오감을 통해서만 세상으로부터 정보를 받을 수 있습니다.

그러나 속사람은 사람의 영과 혼(사람의 마음, 의지, 감정,

추론, 지성의 자리)입니다. 속사람은 성경이 말하는 "마음에 숨은 사람"입니다. 속사람은 "그 사람 속의 사람"이기 때문에 육체의 눈에는 보이지 않습니다.

우리는 모두 영적 존재이며 우리의 속사람은 육체 안에 살고 있는 진짜 사람입니다. 그가 바로 그리스도의 구원을 받는 사람입니다. 예수님의 주되심을 믿고 고백했을 때 다시 태어난 사람은 당신의 몸(겉사람)이 아니라 당신의 속사람(당신의 영)입니다.

당신의 영은 영적인 감각을 가지고 있으며 혼과 마음을 통해서 기능합니다. 이것은 마음이 왜 이렇게 강력하고 중요한지를 보여 줍니다. 바로 마음이 영과 몸을 연결하기 때문입니다.

마음과 혼에 대한 더 분명한 그림

때때로 영적인 것들은 소통하기 어렵지만, 성경은 우리가 물리적인 것을 봄으로써 영적인 것들을 이해할 수 있다고 가르쳐 주고 있습니다. 왜냐하면 영적인 것으로부터 물리적인 것이 나왔기 때문입니다. 히브리서 11장 3절은 "믿음으로 우리는 세상들이 하나님의 말씀으로 지어진 것을 깨닫나니 보이는 것들은 나타나는 것들로 된 것이 아니니라"(한글킹제임스)라고 말합니다.

속사람은 사람의 영과 혼이며 겉사람은 사람의 몸과 몸의 감각이라는 말을 더 잘 이해할 수 있도록 신경조직과 혼을 비교해 보겠습니다.

신경조직과 몸의 관계는 혼과 영의 관계와 같습니다.

신경조직이 사람의 몸에 중요한 부분이듯이 혼은 사람의 영과 뗄 수 없는 관계입니다. 혼은 사람의 영에 속해 있으며 영을 위해 기능합니다. 혼과 상응되는 몸의 부분을 비교함으로써 혼에 대해 더 분명한 그림을 얻을 수 있습니다.

신경조직과 몸의 관계는 혼과 영의 관계와 같으며,
뇌와 신경조직의 관계는 마음과 혼의 관계와 같습니다.

이 말은 뇌가 신경조직의 중심 부분인 것과 같이, 마음이 혼의 중심 부분이라는 것입니다. 그렇기 때문에 당신은 마음으로 보고(상상하고), 듣고, 느낄 수 있습니다. 중앙 신경조직과 몸의 감각이 할 수 있는 모든 것은 사실 속사람의 속성을 반영한 것입니다.

마음이 정확히 몸 안 어디에 위치하고 있는지는 알 수 없지만, 마음은 보고, 듣고, 인식하고, 해석하는 능력을 가지고 있습니다. 마음은 당신의 혼에 존재하고 있으며, 하나님만 보실 수 있는 영적 실체입니다.

사람의 뇌

미국의 한 의학 사전The American Heritage Stedman's Medical Dictionary은 뇌를 이렇게 정의했습니다. "감각 자극을 받아 해석하여 근육과 몸의 장기에 정보를 보내는, 몸의 활동을 통제하고 조정하는 우선적인 센터이다. 또한 의식, 생각, 기억, 감정의 자리(the seat of consciousness, thought, memory, and emotion)이다."

뇌에 관한 대단한 정의이기는 하지만, 어떤 부분은 정확하게 맞지 않습니다. 의식, 생각, 기억, 감정의 자리는 뇌에 있지 않습니다. 의학과 다른 분야에서는 사람이 의식이 없어도 뇌는 완전히 기능할 수 있다는 것을 알고 있습니다. 그러므로 의식은 뇌에 있지 않습니다. 심지어 기억도 뇌에 있다고 할 수 없는데, 진정한 기억은 정보를 기록하는 것을 넘어 정보를 처리하기 때문입니다. 보통 해석, 의미, 언어, 표현을 하는 정보 처리는 뇌가 아니라 마음의 능력에 있습니다.

그러므로 뇌에 대한 바른 정의는 "감각 자극을 받아 해석하여 근육과 몸의 장기에 정보를 보내는, 몸의 활동을 통제

> 뇌는 마음이나 혼이 아닙니다. 혼과 마음은 만질 수 없지만, 뇌는 몸에 있는 하나의 육체적 장기일 뿐입니다.

하고 조정하는 우선적인 센터"입니다.

이 의학 사전은 뇌의 정의의 범위를 벗어나기는 했지만 부분적으로는 맞습니다. 즉 "의식, 생각, 기억, 감정의 자리"가 있다는 것을 보여 주고 있기 때문입니다. 과학도 예를 들면 속사람과 겉사람과 같이, 마음이 뇌와 연결되어 있음을 인정하는 것입니다. 그러나 과학은 이 둘을 어떻게 연결할지를 모릅니다.

뇌는 마음이나 혼이 아닙니다. 혼과 마음은 만질 수 없지만, 뇌는 몸에 있는 하나의 육체적 장기입니다. 그러나 몸의 중앙 신경조직(뇌와 척수)은 최상의 의식, 인식, 표현을 하도록 마음과 연계되어 작용합니다. 중앙 신경조직과 마음은 한 사람의 인격에 대해 최종 책임이 있습니다. 이것이 마음과 뇌의 관계이며 이 둘은 함께 작용합니다.

속사람을 교육하기

마음은 속사람과 그 영적인 감각, 그리고 겉사람과 그 감각으로부터 정보를 받고 처리할 수 있습니다. 마음은 육체적 겉사람과 영적 속사람을 연결하는 것으로서 사람에게 진짜 성품을 부여합니다. 마음이야말로 한 사람의 태도와 행동에 대한 궁극적인 책임이 있습니다.

세상에서 가장 좋은 교육은 겉사람의 감각을 통하여 마음에게 정보를 주어 그것을 다듬고 발전시키는 것입니다. 감각을 통한 마음의 교육, 이것이야말로 가장 좋은 학교와 대학이 추구할 수 있는 최대 한도입니다. 그러나 사람은 이보다 훨씬 더 좋고 더 숨겨져 있는 잠재력을 가지고 있습니다. 속사람, 즉 사람의 영의 교육은 궁극적으로 마음의 교육으로 귀결됩니다. 마음의 교육은 오직 하나님의 말씀을 받아들이고 낮은 소리로 읊조림으로 이루어집니다.

속사람은 오직 하나님의 말씀을 통해서만 발견되고 교육됩니다. 히브리서 4장 12절(새번역)에 이렇게 되어 있습니다.

> 하나님의 말씀은 살아 있고 힘이 있어서, 어떤 양날칼보다도 더 날카롭습니다. 그래서, 사람 속을 꿰뚫어 혼과 영을 갈라내고, 관절과 골수를 갈라놓기까지 하며, 마음에 품은 생각과 의도를 밝혀냅니다.

말씀은 "혼과 영을 갈라낸다"라고 한 것에 주목하십시오. 말씀이 우리 본성의 중심부까지 들어가서 혼과 영을 구별해내고 분리한다는 말입니다. 오직 하나님의 말씀만이 이렇게 할 수 있습니다. 말씀은 속사람을 발견하도록 도와줍니다. 그러나 감각을 통하여 마음을 교육하는 세상의 학교에서는 이런 일을 할 수 없습니다. 기껏해야 감각 영역에서 마음이 교육을 받도록 훈련할 수 있을 뿐입니다. 진짜 사람, 즉 사람의 영(the spirit man)에게는 다른 종류의 교육이 필요합니다.

나는 정규교육을 비하하려는 것이 전혀 아닙니다. 더 좋은 교육을 받을수록 세상에서는 더 유리합니다. 당신이 살고 있는 환경과 세상, 그곳에 살고 있는 사람들에 관하여 더 많이 알수록 그렇지 못한 사람보다 유리합니다.

당신의 영과 영적인 감각이 교육을 받는다면 어떤 유익을 누리게 될지 생각해 보십시오. 진짜 당신을 발견하게 하고 삶의 질을 발전시키는 이런 영적인 자료들을 읽음으로써 당신은 유익을 누립니다. 속사람에 대한 이런 중요한 교육은 바울이 로마서 12장 1-2절에서 말하고 있는 것으로서, 내가 "마음 관리"라고 이름 지은 것을 통하여 성취됩니다.

> 그러므로 형제들아 내가 하나님의 모든 자비하심으로 너희를 권하노니 너희 몸을 하나님이 기뻐하시는 거룩한 산 제물로 드리라 이는 너희가 드릴 영적 예배니라 너희는 이 세대를 본받지 말고 오직 마음(mind)을 새롭게 함으로 변화를 받아

하나님의 선하시고 기뻐하시고 온전하신 뜻이 무엇인지
분별하도록 하라

1절에서 "너희 몸을 드리라"고 한 것은 당신(속사람)이 당신의 몸을 소유하고 있다는 말입니다. 바울은 영이 겉사람을 다스릴 힘을 가지고 있다는 것을 알려 줍니다. 그러므로 몸이 당신을 다스리지 못하도록 하십시오. 오히려 몸을 다스려서 살아 있는 제물로서 하나님께 드리십시오.

2절에서 바울은 영의 교육에 관하여 말합니다. "너희 마음을 새롭게 함으로 변화를 받으라"

사람이 자신의 자연 감각을 교육함으로써 변화되듯이, 당신의 속사람도 영적 감각을 교육함으로써 변화될 수 있습니다.

그러므로 이 세상에 동화되지 마십시오. 그들같이 살거나, 생각하거나, 그들의 관점에서 바라보지 마십시오. 오히려 마음을 새롭게 함으로 고쳐지고, 변모되고, 변화되십시오.

"오 하나님, 저를 다음 단계로 데려다 주세요!"라고 말하지 마십시오. 삶 가운데 한 수준의 영광에서 다음 수준의 영광으로 옮겨지는 것은 당신의 책임입니다. 더 좋고 더 영광스러운 삶은 당신의 선택에 달려 있으며, 바로 당신의 마음을 새롭게 함으로써(효과적으로 다스림으로써) 그렇게 할 수 있다는 것을 보여 주고 있습니다.

심령, 혼, 마음, 생각의 작용을 더 잘 이해하기

심령(heart), 혼(soul), 마음(mind), 생각(thoughts)에 관해서 지금까지 언급한 것들을 이해하는 데 도움이 되도록 성경 말씀을 몇 구절 더 소개하겠습니다.

> 마 15:1-11
> 그때에 바리새인과 서기관들이 예루살렘으로부터 예수께 나아와 이르되 당신의 제자들이 어찌하여 장로들의 전통을 범하나이까 떡 먹을 때에 손을 씻지 아니하나이다 … 무리를 불러 이르시되 듣고 깨달으라 입으로 들어가는 것이 사람을 더럽게 하는 것이 아니라 입에서 나오는 그것이 사람을 더럽게 하는 것이니라

서기관들과 바리새인들은 예수님의 제자들이 씻지 않은 손으로 음식을 먹는 것을 책망했습니다. 그들이 위생이 아니라, 정결 예식에 관심이 있었다는 것을 이해하십시오. 그래서 예수님은 이렇게 대답하셨습니다. "입으로 들어가는 것이 사람을 더럽게 하는 것이 아니라 입에서 나오는 그것이 사람을 더럽게 하는 것이니라" 제자들은 이 말씀을 이해하지 못했으므로 나중에 주님께 이 비유에 대해서 설명해 달라고 했습니다.

마 15:16-20

예수께서 이르시되 너희도 아직까지 깨달음이 없느냐 입으로 들어가는 모든 것은 배로 들어가서 뒤로 내버려지는 줄 알지 못하느냐 입에서 나오는 것들은 마음(heart)에서 나오나니 이것이야말로 사람을 더럽게 하느니라 마음(heart)에서 나오는 것은 악한 생각(evil thoughts)과 살인과 간음과 음란과 도둑질과 거짓 증언과 비방이니 이런 것들이 사람을 더럽게 하는 것이요 씻지 않은 손으로 먹는 것은 사람을 더럽게 하지 못하느니라

예수님의 말씀을 주의해 보십시오. 예수님이 말씀하신 "마음(heart;심령)"이란 몸으로 피를 뿜어내는 가슴에 있는 장기(heart;심장)가 아니라, 사람의 영과 혼(더 구체적으로는 그 사람의 마음)으로서, 주님은 여기에서 악한 생각이 나온다고 말씀하십니다. 주님은 악한 생각은 육체적 몸(뇌)이 아니라 마음에서 나온다는 것을 알려 주십니다.

> 당신의 존재는 당신의 생각을 반영하고 있습니다. 당신의 삶은 마음 속에서 일어난 일이 밖으로 나타난 것입니다.

이는 놀라운 사실입니다! 주님은 사람의 영과 육체적인 몸의 차이를 알려 주시고, 사람이 그의 뇌가 아닌 속사람(심령과

마음)으로부터 나오는 악한 생각에 의해 어떻게 더럽혀지는지 (부패하고, 불결해지는지) 알려 주십니다.

심령에서는 서로 다른 종류의 생각들, 즉 선한 생각과 악한 생각이 나옵니다. 예수님께서는 위 구절에 언급된 것들을 악한 생각으로 분류하셨는데, 이는 그것들이 마음에서 부정적으로 처리되었기 때문입니다.

누가복음 24장 36-37절을 읽어 봅시다.

> 이 말을 할 때에 예수께서 친히 그들 가운데 서서 이르시되 너희에게 평강이 있을지어다 하시니 그들이 놀라고 무서워하여 그 보는 것을 영으로 생각하는지라

이는 십자가와 부활 이후의 장면입니다. 사도들은 작은 방 안에 급히 모여 지난 며칠 동안의 놀라운 일을 이야기하면서 어떤 사람들이 보고하는 것처럼 예수님이 실제로 부활했는지 궁금해하고 있었습니다.

그들이 이야기하는 중에 문이 단단히 닫혀있었는데도 예수님께서 갑자기 나타나셨습니다. 그들은 귀신을 본 줄 알고 너무나 놀랐습니다! 그때 예수님께서 말씀하셨습니다.

눅 24:38

예수께서 이르시되 어찌하여 두려워하며 어찌하여 심령에 생각이 일어나느냐(역자직역)

Why are ye troubled? and why do thoughts arise in your hearts?(KJV)

"심령(heart)"이라는 단어를 다시 눈여겨보기 바랍니다. 성경에서는 심령(heart)과 혼(soul)과 마음(mind)이 호환적으로 쓰입니다. 신국제 역(NIV)에서는 이 구절이 어떻게 번역되었는지 살펴봅시다.

눅 24:38

예수께서 이르시되 어찌하여 두려워하며 어찌하여 마음에 의심이 일어나느냐

Why are you troubled, and why do doubts rise in your minds?(NIV)

여기에서 번역자는 "심령(heart)" 대신에 "마음(mind)"으로 정확하게 번역했습니다.

예수님은 제자들에게 자신이 죽음으로부터 다시 살아날 것이라고 말씀하셨습니다. 그 후 제자들은 예수님이 십자가 죽음

이후에 살아나신 것을 목격한 보고를 들었으나 여전히 의심하였습니다. 그때 주님께서 친히 그들 가운데 나타나셨으나, 그들은 그분을 보면서도 "그분의 귀신일거야."라고 생각하며 여전히 의심했습니다.

그들에 대한 예수님의 반응은 너무나도 아름답습니다. 주님의 반응은 우리가 의심과 마음에 관하여 이해하도록 도와줍니다. 주님은 그들에게 "어찌하여 마음에 이런 생각(의심)이 일어나느냐"고 물으심으로써, 의심은 마음에서 생기는 어떤 생각이라는 것을 알려 줍니다.

위 상황에서 마음이 어떻게 작용하는지를 봅시다. 예수님께서 제자들에게 나타나셨을 때 그들은 귀신을 보았다고 생각하여 너무나 놀랐습니다. 그들은 분명, 이전에 유령에 대한 무서운 이야기를 들어보았습니다. 그들은 귀신은 영적인 영역으로 들어갔음에도 불구하고 안식처로 가지 못하고 지구에서 떠돌고 있는 죽은 자들의 영이라는 소리를 들어보았던 것입니다.

당신이 귀신을 본 적이 없다고 해서 귀신이 존재하지 않는 것은 아닙니다. 귀신은 실재하며, 때때로 우리의 눈과 귀가 영적인 영역을 볼 수 있게 되면 그것들을 보고 들을 수 있습니다.

사도들은 귀신의 실재를 배웠던 것이 분명합니다. 그러나 아시다시피, 사람들은 자신이 이해하지 못하거나 통제할 수 없는 것을 두려워하곤 합니다. 이 경우에 제자들은 이전에 귀신을 본 적이 없었음에도 불구하고 귀신을 두려워했습니다. 귀신에 대해 들었던 것 말고는 귀신이 무엇인지 몰랐습니다. 이제 그들은 귀신을 보았다고 생각하고 거의 정신을 잃을 정도로 두려워했습니다.

그러나 그들이 본 것은 귀신이 아니라, 지난 삼 년 동안 가까이 살며 알았던 주 예수님이었습니다. 그런데도 주님께서는 자신이 귀신이 아님을 확신시키기 위해 애쓰셔야 했습니다. 주님은 "내 손과 발을 보고 나인 줄 알라 또 나를 만져 보라 영은 살과 뼈가 없으되 너희 보는 바와 같이 나는 있느니라"(눅 24:39)고 말씀하셨습니다.

아직도 의심하고 있는 제자들에게 더 증명하려고 주님은 다음과 같이 물으셨습니다. "여기 무슨 먹을 것이 있느냐 하시니 이에 구운 생선 한 토막을 드리니 받으사 그 앞에서 잡수시더라"(눅 24:41-43)

주님께서 이렇게 정상적으로 음식을 드시는 것을 보자, 그제서야 그들은 참으로 죽음에서 살아나신 주님이라고 깨닫게 되었습니다.

두려움은 어디로부터 오는가?

우선 예수님의 제자들은 왜 그렇게 두려워했을까요? 그들의 두려움은 귀신에 관해 이전에 받아들였던 잘못되고 부정적인 정보에서 비롯되었습니다. 그 정보가 그들의 심령에 두려움을 전했습니다. 그들 안에는 이미 두려움이 있었고, 예수님이 나타나자 그 "두려움의 파일(files)"이 열려 두려움이 나타났습니다.

이것을 이해하십시오. 우리가 들은 것(우리가 받아들인 정보)는 우리 안에서 믿음 또는 두려움을 만들어낼 수 있고, 강함 또는 약함을 만들어낼 수 있습니다. 두려움은 스스로 독립적으로 존재하는 것이 아니라 정보의 결과로 생기는 것입니다.

다음 장에서 우리는 생각의 질과 성격을 측정하는 기준에 대해 더 알아보겠습니다. 바울은 빌립보서 4장 8절에 아주 아름다운 목록을 제시합니다. 우리는 이를 공부하여 하나님의 기준에 우리의 생각을 맞추어야 합니다.

3 이것들을 생각하라

당신의 마음을 보호하십시오 마음은 들판이 아닙니다

열린 밭(open field)과 같은 마음을 가진 사람들이 있습니다. 그들의 마음에는 누구든지(예를 들면 동물들도) 들어가서 원하지 않는 씨를 뿌릴 수 있습니다. 당신이 마음을 그런 식으로 열어놓으면 온갖 무가치한 씨가 떨어져 자라게 됩니다. 성경은 당신의 마음이 아닌, 영을 밭(field)으로 묘사합니다. 왜냐하면 영에는 오직 마음을 통해서만 접근할 수 있기 때문입니다. 마음은 영으로 들어가는 문이고, 당신이 먼저 마음에서 허락하지 않으면 어떤 것도 당신의 영으로 들어갈 수 없습니다.

그래서 주님께서는 이렇게 말씀하셨습니다. "모든 지킬 만한 것 중에 더욱 네 마음(heart;심령)을 지키라 생명의 근원이 이에서 남이니라"(잠 4:23)

여기서 "지키라"는 단어는 창세기 2장 15절에서도 사용되었습니다. "여호와 하나님이 그 사람을 이끌어 에덴 동산에 두사 그것을 다스리며 지키게 하시고" 동산을 안전한 다른 곳으로 옮기거나 분리하라는 말이 아닙니다. 오히려 외부의 침입에 맞서 동산을 보호하며 돌보고, 안전을 보장하라는 의미입니다.

굿뉴스 성경(GNB)은 이를 더 분명하게 번역하였습니다. "…주 하나님께서 그 사람을 에덴 동산에 두시고 동산을 경작하고 지키게 하셨다(the LORD God placed the man in the Garden of Eden to cultivate it and guard it)." 여기서 "지키다(guard)"라는 단어는 공격으로부터 보호하거나 위험으로부터 안전을 유지한다는 뜻의 군사적 의미를 가지고 있습니다.

원수나 적이 없다면, 공격하는 자에 맞서 당신의 것을 지킬 필요가 없습니다. 그러나 적은 존재합니다. 그렇기 때문에 주님께서 부지런히 당신의 심령을 지키라고 하신 것입니다.

나는 잠언 4장 23-24절의 모팻 번역본을 좋아합니다. "번영하며 살기 위해 무엇보다도 너의 내적 자아를 지키라. 모든 악한 생각을 차단하고 아무렇게나 지껄이는 말을 제거하라(Guard above all things, guard your inner self so you can live and prosper. Bar out all thoughts of evil and banish wayward words)."

당신은 누군가가 "나는 그 팀에 가담하는 것을 거절당하였다."라고 말하는 것을 들은 적이 있습니까? 다시 말해 그는 그 팀에 합류하는 것으로부터 거절당하고, 들어가지 못하고, 길이 막혔으며, 허락되지 않았다는 말입니다. 성경은 하나님의 말씀과 일치하지 않는 모든 생각에 방벽을 침으로써(허락하지 말고, 들어오지 못하게 함으로써) 당신의 심령을 지키라고 말씀합니다.

이렇게 보니 악한 생각은 당신에게서 나오는 것이 아닌 것처럼 들리지 않습니까? 밖에 있는 마귀가 (당신의 마음을 통하여) 당신의 심령으로 잘못된 생각을 보내려고 하는 것입니다. 그래서 말씀은 당신에게 마귀의 악한 생각을 차단하고 그의 비뚤어진 말을 제거하라고 권면합니다.

누군가가 하나님의 말씀에 도전하는 말을 하거든 그 말이 마음에 들어오지 못하게 하십시오! 그 말을 수용하거나 왜 그럴까 추론하지 마십시오! 성경은 당신의 심령을 부지런히 지키라고 말씀합니다. 하나님께서 당신의 심령을 지켜주시는 것이 아님을 깨달으십시오. 책임은 당신에게 있습니다. 그러나 좋은 소식은 당신이 무력한 상태가 아니라는 것입니다. 당신은 "하나님의 전신갑주"(엡 6:11)로 무장되어 있으므로, 그것을 착용하고 결코 벗어버리지 않으면 됩니다! 전신갑주로 무장되어 있으면, 하나님의 말씀에 대적하여 당신의 마음을 공격하는 모든 악한 생각과 아이디어를 거절할 수 있습니다(이에 대해서는 7장에서 좀 더 자세히 살펴보겠습니다).

좋은 생각을 측정하는 하나님의 잣대

하나님께서는 우리에게 그저 심령의 문에 경계를 세우고 잘못된 것이 들어오지 못하게 하라는 지시만 던져주신 것이 아닙니다. 그분께서는 우리가 마음에 경계를 세우는 법을 정확히 보여 주십니다. 그 방법은 바로 우리가 통과시킬 생각을 선택하는 것입니다. 다시 말해, 하나님께서는 방법도 보여 주지 않으면서 말로만 마음을 새롭게 하라고 하지 않으셨습니다. 그분께서는 우리가 마음에서 제거해야 할 파일과 그 자리에 새로 다운로드 받아 대체해야 할 파일을 알려주셨습니다.

> 누군가가 하나님의 말씀에 도전하는 말을 하거든 그 말이 마음에 들어오지 못하게 하십시오! 그 말을 수용하거나 왜 그럴까 추론하지 마십시오!

빌 4:8

끝으로 형제들아 무엇에든지 참되며(true) 무엇에든지 경건하며(honest) 무엇에든지 옳으며(just) 무엇에든지 정결하며

(pure) 무엇에든지 사랑 받을 만하며(lovely) 무엇에든지 칭찬 받을 만하며(of good report) 무슨 덕(virtue)이 있든지 무슨 기림(praise)이 있든지 이것들을 생각하라

얼마나 놀라운 말씀입니까! 여기에서는 좋은 생각을 측정할 수 있는 하나님의 잣대를 직접적으로 보여줍니다. 진리[하나님의 말씀]와 일치하는 탁월하고, 사랑스럽고, 좋은 평판이 있고, 칭찬할 만한 것에 마음을 집중하십시오. 다시 말해 이런 생각들로 마음을 채우고, 생각하는 과정을 통제하도록 하십시오.

무엇을 생각하고 있습니까?

이 성경 구절이 당신의 마음을 통제하는 삶을 상상해 보십시오. 당신은 얼마나 자주 진리가 아니고, 정직하지 않고, 정결하지 않으며, 좋은 보고가 아닌 것을 듣고, 그것을 마음에 품고 생각했습니까? 감정을 상하게 하는 말을 듣거나 보거나 경험하고서, 곰곰이 되씹으며 밤새 뒤척인 적이 있었을 것입니다. 눈만 감으면 그 부정적인 영상이 떠올라 불쾌한 경험이 상기되면서 기분이 더 나빠집니다. 왜 그렇게 걱정을 합니까? 스스로 초래하는 이런 내적 갈등으로부터 당신의 마음을 자유롭게 하십시오.

옳지도, 정직하지도, 순수하지도, 공의롭지도 못한 것을 왜 생각하고 있습니까? 사랑스럽지도, 덕스럽지도, 칭찬할 만하지도 않은 것을 왜 떠나보내지 않습니까? 불행과 연결된 것을 왜 붙잡고 있습니까? 부정적인 생각이 당신의 얼굴을 실제보다 더 나이 들어 보이게 하는 것을 아십니까? 어떤 사람은 심지어 열 살은 더 많아 보입니다!

> 사실과 진리는 별개의 것입니다. 어떤 것이 사실로 증명되거나 입증되었더라도 하나님의 말씀과 일치하지 않는다면 진리는 아닙니다.

사무실에서 몇몇 동료가 다른 동료에 대해 수군거리는 것을 보았다고 합시다. 그러자 당신은 의자를 가져와 앉아서는 험담에 동참했습니다. 그러면서 당신은 왜 자신이 행복하지 않고, 발전 없이 늘 제자리를 맴돌며 일 보 전진하는 듯하다가도 이 보 후퇴하고 마는지 의아해 합니다. 그 이유는 당신이 좋지 않은 보고를 숙고하고 있기 때문입니다.

하나님의 말씀은 당신이 하나님의 자녀로서 무엇을 숙고해야 하는지 보여 주었습니다. 그것은 정직하고, 공의롭고, 순수하고, 사랑스럽고, 좋은 보고가 있고, 덕이 있고, 칭찬할 만한 것이어야 합니다. 이제 정직하거나 진실된 것 같지만, 실은 사랑스럽거나 좋은 보고가 아닌 것을 들었다면 그것을 숙고하지 마십시오. 그런 것들은 하나님께서 허용하신 생각 기준에 미치지 못합니다.

어떤 사람들은 칭찬할 만한 것이 없는 뉴스나 정보에 관심 갖기를 좋아합니다. 더 나쁜 것은 그들이 다른 사람도 끌어들여서 함께 "불평하는 무리"를 형성한다는 것입니다. 그런 사람들이 버리는 쓰레기를 받아들이지 마십시오.

당신은 탁월한 업적과 놀라운 성취로 가득한 성공적이고 빛나는 삶을 원할 것입니다. 그러기 위해서는 마음이 작아서는 안 됩니다. 큰 일을 하기 원하고 정복하고자 하는 세상이 있다면, 사소하고 진부한 것에 신경을 쓸 수 없습니다.

하나님께서는 당신이 자신에 대해
이렇게 생각하기를 원하십니다

어쩌면 당신은 건강 상의 도전을 경험하고 있거나 죽을 병에 걸렸다고 진단받았을지도 모릅니다. 당신은 그러한 상태에 대해 무엇을 해야 할지 고민하며 괴로워하고 있습니다. 그러나 먼저 이 사실을 깨달아야 합니다. 하나님의 눈에는 이런 보고가 참된 것이 아닙니다. 왜냐하면 말씀에 계시된 그분의 공급과 일치하지 않기 때문입니다. 그 병은 하나님의 진리에 부합하지 않습니다. 그러므로 숙고하기를 거부하십시오.

예수 이름으로 거절하십시오. 생각하지 말고, 말로 표현하지도 마십시오.

의사는 자신이 훈련 받은 대로 사실을 말하겠지만, 하나님의 말씀은 진리입니다(요 17:17). 사실과 진리는 별개의 것입니다. 어떤 것이 사실로 증명되거나 입증되었더라도 하나님의 말씀과 일치하지 않는다면 진리는 아닙니다.

성경은 진작에 말씀하셨습니다. "그런즉 누구든지 그리스도 안에 있으면 새로운 피조물이라 이전 것은 지나갔으니 보라 새 것이 되었도다"(고후 5:17) 이는 당신이 질병을 가지고 태어났다 하더라도, 이제 그리스도 안에 있으면 더 이상 그 병을 가지고 있지 않다는 말입니다. 병은 지나갔습니다. 이제 당신은 신성한 건강으로 살고 있습니다. 그러므로 질병과 아픔은 더 이상 당신 안에 있을 곳이 없습니다! 주님을 찬양합니다!

하나님께서는 당신이 이런 의식을 갖기 원하십니다. 그분께서는 당신이 자신에 대하여 이런 생각을 하기 원하십니다.

당신은 할 수 있습니다!

지금 이 책을 읽으면서 "비현실적인 말이다."라고 생각할지도 모릅니다. 그러나 내가 살고 있는 하나님의 왕국에서 이것은 현실적이며 정상적인 일입니다! 기억하십시오. 하나님의 말씀은 진리(truth)입니다. "진실(verity)"이요, "실재(reality)"라는 말입니다. 우리 왕국에서는 이러한 실재들을 따라 삽니다. 우리는 어떤 종류의 부정적인 의사소통에도 참여하지 않습니다. 수년 전 주님께서 제게 이렇게 말씀하셨습니다. "아들아, 산꼭대기에서 내려보아라." 그곳이 제가 살고 있는 곳이며, 쓰레기 같은 말이나 생각을 버리는 하치장이 절대 아닙니다!

"…무엇에든지 옳으며 무엇에든지 정결하며 무엇에든지 사랑 받을 만하며 무엇에든지 칭찬 받을 만하며 무슨 덕이 있든지 무슨 기림이 있든지 이것들을 생각하라"(빌 4:8) 하나님은 우리에게 할 수 없는 것을 하라고 하지 않으십니다. 우리는 그분의 자녀이며, 그분께서는 우리가 이런 삶을 살도록 부르셨습니다. 하나님께서 이것들을 생각해야 한다고 말씀하셨다는 것은 우리가 그렇게 할 수 있다는 뜻이며, 또한 그분께서 주신 삶의 충만한 유익을 누리기 위해서는 반드시 그렇게 해야 한다는 뜻이기도 합니다.

당신이 마음으로 하는 일이 너무나 중요합니다. 당신은 마음의 표현이며, 이 땅에서의 삶의 질은 당신의 영의 질이 아니라 당신 마음의 성향의 기능에 달렸다는 것을 기억하십시오. 당신의 마음이 당신을 가난하게 만들 수도 있고, 부유하게 만들 수도 있습니다. 또한 당신을 영광과 위대함으로 올려줄 수도 있고, 고통과 수치의 바닥으로 떨어뜨릴 수도 있습니다. 영광을 선택하십시오. 생명을 선택하십시오. 당신의 마음을 바르게 사용하기로 선택하십시오.

당신의 마음을
바르게 사용하십시오

 당신은 마음을 바르게 사용하는 법을 반드시 이해해야 합니다. 그것이 당신이 바라는 더 높은 다음 수준으로 가기 위한 티켓이기 때문입니다. 가장 먼저 당신은 옳은 일에 마음을 집중하는 것을 배워야 합니다. 이사야 26장 33절은 이렇게 말씀합니다.

사 26:3(한글킹제임스)
주께서는 <u>마음을 주께 의탁하는 사람</u>을 완전한 화평 속에
지키시리니 이는 그 사람이 주를 의뢰함이니이다.

 위에서 "완전한 화평(perfect peace)"이라고 번역된 히브리 원어는 "샬롬 샬롬(shalom shalom;평강 평강)"으로서 본질적으로 "형통의 평강(peace of prosperity)"이라는 뜻입니다. 주님은

마음이 주님께 머무는(고정된, 초점이 맞추어진) 사람을 형통의 평강 속에 지키십니다. 삶이 단순히 평강할 뿐 아니라 형통 가운데 평강하다는 것이 얼마나 놀라운 일입니까? 주님을 찬양합니다!

"주께서 그를 완전한 화평 속에 **지키시리니**(keep)"라는 말은, 당신이 이러한 평강과 형통의 영역으로 들어가게 되면 하나님께서 당신을 계속 그곳에 머물게 하시므로 당신의 삶도 그 안에서 유지된다는 뜻입니다.

> 주께서는 마음을 주께 의탁하는 사람을 완전한 화평 속에 지키시리니…

"손과 발을 주께 의탁하는 사람"이 아니라 "마음을 주께 의탁하는 사람"이라고 말씀하시는 것에 주의하십시오. 이 말씀은 매우 교훈적입니다. 하나님께서는 다시금 마음이라 불리는 이 도구에 관하여 말씀하고 계십니다. 하나님의 능력이 당신을 위해 역사하고 당신을 평강과 형통 안에 지켜주시도록 하기 위해 무슨 일을 해야 하는지 궁금했다면, 바로 여기에 답이 있습니다. 당신의 마음을 주님께 의탁하십시오!

> 가장 먼저 당신은 옳은 일에 마음을 집중하는 것을 배워야 합니다.

온 마음을 다하여

당신은 혹시 이런 생각을 할지도 모릅니다. "어떻게 내 마음을 주님께 의탁하고, 형통의 평강 안에 머물게 할까?" 신명기 6장 5절은 이에 관한 매우 구체적인 지시를 알려 줍니다.

> 신 6:5
> 너는 네 마음을 다하고 혼을 다하고 힘을 다하여 주 네 하나님을 사랑하라(흠정역)
> And thou shalt love the LORD thy God with all thine heart, and with all thy soul, and with all thy might.
> (KJV)

모세는 주 하나님을 어떻게 사랑하는지 가르쳐주면서 주님께 받은 이 계명을 이스라엘 자손들에게 전달했습니다. 다른 영어 번역본에서는 "힘"이라는 단어에 "might" 대신 "strength"를 사용합니다. 예를 들면 신국제 역은 다음과 같이 표현합니다.

> 신 6:5
> 너는 네 마음을 다하고 혼을 다하고 힘을 다하여 주 네 하나님을 사랑하라

Love the LORD your God with all your heart and
with all your soul and with all your strength(NIV)

사랑은 감정이기 때문에 육체적인 힘으로 표현할 필요가 없는데, 어떻게 능과 힘을 다하여 주님을 사랑할 수 있는지 생각해 본 적이 있습니까?

감사하게도 주 예수님께서 해답을 주십니다. 주님께서는 누군가의 질문에 구약 성경의 위 구절을 인용하여 대답하시면서 이를 아주 간단하게 풀어 주십니다.

> 마 22:35-37
> 그 중의 한 율법사가 예수를 시험하여 묻되 선생님 율법 중에서 어느 계명이 크니이까 예수께서 이르시되 네 마음을 다하고 목숨을 다하고 뜻(mind;마음)을 다하여 주 너의 하나님을 사랑하라 하셨으니 이것이 크고 첫째 되는 계명이요

주님은 여기에서 "힘(might)" 대신 "마음(mind)"이라는 단어를 사용하셔서 당신의 힘(또는 능)을 다하여 주님을 사랑한다는 것은 곧 마음을 다하여 사랑하는 것임을 알려 주십니다. 이는 당신의 마음을 어떤 한 방향으로 집중하거나 모이게 하는 것을 뜻합니다. 이것이 당신이 마음을 사용하는 이유이며,

당신이 특정 대상이나 일에 마음을 집중하면 당신의 힘도 그 쪽으로 향하여 영향을 미치게 됩니다.

그러므로 예수님은 우리가 마음을 주님께 집중함으로써 어떻게 능과 힘을 다하여 주를 사랑하게 되는지 보여 주신 것입니다.

이에 대해 좀 더 알아볼 수 있도록 다른 구절을 봅시다.

> 대상 22:19
> 이제 너희는 마음(heart)과 뜻(soul)을 바쳐서 너희 하나님 여호와를 구하라 그리고 일어나서 여호와 하나님의 성전을 건축하고 여호와의 언약궤와 하나님 성전의 기물을 가져다가 여호와의 이름을 위하여 건축한 성전에 들이게 하라 하였더라

이스라엘의 왕 다윗은 나이가 들어서 이 땅에 살 날이 얼마 남지 않았음을 깨닫고 아들 솔로몬을 왕으로 세우고는 인생에서 매우 중요한 지시를 하였습니다. "너의 심령(heart)과 혼(soul)을 바쳐서 주 너의 하나님을 구하라"

심령과 혼을 바쳐서 주님을 구하는 것은 앞서 신명기 6장 53절에 있는 계명을 지키는 것입니다.

기억하십시오. 당신은 의미, 추론, 언어, 표현을 위해 당신의 마음으로 창조하고 기억하고 회상하고 영상들을 처리합니다. 그러므로 다윗이 그의 아들에게 "너의 심령(heart)과 혼(soul)을 바쳐서 주 너의 하나님을 구하라"고 한 말은 정확했습니다.

다른 구절에서도 다윗은 솔로몬에게 똑같은 말을 했습니다.

대상 28:9
내 아들 솔로몬아 너는 네 아버지의 하나님을 알고 온전한 마음(perfect heart)과 기쁜 뜻(willing mind)으로 섬길지어다 여호와께서는 모든 마음을 감찰하사 모든 의도를 아시나니 네가 만일 그를 찾으면 만날 것이요 만일 네가 그를 버리면 그가 너를 영원히 버리시리라

어떻게 주님을 구합니까? 마음을 주님께 둠으로써 구합니다. 당신은 지금 주님을 잃어버렸기 때문에 찾으려고 애쓰는 것이 아닙니다. 당신의 심령(heart)과 마음(mind)과 감정(affections)을 주님께 집중하기 원하기 때문에 그분을 구하는 것입니다.

로마서 8장 5절도 똑같은 것을 말합니다.

롬 8:5
육신을 따르는 자는 육신의 일을, 영을 따르는 자는 영의 일을 생각하나니(do mind)

육신을 따르는 자는 육신적인 것들(육신에 속한 것들, 세상적인 것들)에 마음을 두지만, 하나님을 따르는 자는 하나님과 경건한 것들에 마음을 둘 것입니다.

당신은 마음을 통제할 수 있습니다!

어떤 것이나 어떤 사람에게 당신의 마음을 두는 것은 당신이 자신의 마음을 통제하고 있다는 것을 전제로 합니다. 이는 당신이 마음에 관하여 읽거나 들은 중에 가장 심오한 진리입니다. 당신의 마음은 당신의 통제 하에 있으며, 당신은 이 진리를 인정하고 받아들이고 지지하여 그렇게 행동해야 합니다!

로마서 8장 5-6절을 다시 봅시다.

> 당신의 영은 당신의 마음을 통제할 능력을 가지고 있습니다.

롬 8:5-6

육신을 따르는 자는 육신의 일을, 영(the Spirit;성령)을 따르는 자는 영의 일을 생각하나니 육신의 생각은 사망이요 영의 생각은 생명과 평안이니라

  삶의 평범한 것, 즉 육신적이고 세상적인 것에 마음을 두는 것은 사망을 가져온다는 말입니다. 그러나 평안을 원한다면, 영적인 마음을 가져야 합니다. 다시 말해, 당신의 마음을 영적인 것들에 집중하면 생명과 평안을 갖게 된다는 것입니다.

  당신의 영은 당신의 마음을 통제할 능력을 가지고 있습니다. 바울은 우리가 영으로부터 마음을 통제할 수 있음을 알려 줍니다. 당신은 하나님과 관계된 것에 마음을 두기로 하고, 이러한 결정에 맞게 영적인 감각을 통제할 수 있습니다. 이 결정은 혼(당신의 마음, 의지, 감정의 중심)이라는 도구와 함께 당신의 영이 내린 것입니다. 당신의 영은 생각하기 원하는 것을 결정하여 그것을 마음을 두고 생각하기 시작합니다.

말씀에 당신의 마음을 두십시오

  그렇다면 당신은 "어떻게 나의 마음을 주님과 영적인 것에 둘 수 있나요?"라고 질문할 것입니다. 마음을 하나님의 말씀에

둠으로써 그렇게 할 수 있습니다! 말씀은 영적인 것이 무엇인지 보여줄 뿐 아니라 당신에게 전달해 줍니다. 왜냐하면 하나님의 말씀은 빛이며(요 1:1, 요 1:5), 빛은 규명하고 드러내기 때문입니다(엡 5:13).

지금 방 안의 불을 다 끄면, 눈 앞에 아무것도 안 보일 것입니다. 빛이 있어야 볼 수 있기 때문입니다. 마찬가지로 우리의 영적인 눈도 하나님께서 주신 영적인 것을 당신에게 보여주기 위해서는 하나님의 빛, 즉 그분의 말씀이 필요합니다.

여기에서 "영적인 것"에 마음을 둔다고 할 때, 모든 영적인 것을 일컫는 것이 아닙니다. 예를 들어 사탄과 귀신들도 영이며 나름의 영적인 것을 가지고 있습니다. 이런 부정적인 방향으로 영적인 마음을 가지는 사람도 있습니다만, 하나님께서 원하시는 바는 아닙니다. 지금 우리가 말하고 있는 것은 "하나님께 대하여 영적인 것"입니다. 따라서 바울이 위 로마서 구절에서 말하는 바는 단순히 영적인 데 마음을 두라는 것이 아니라 하나님께 대하여 영적인 마음을 가지라는 것입니다.

육신적인 마음 대 영적인 마음

로마서 8장 5절에서 방금 읽은 바와 같이, 성령을 따르는 사람은 영적인 것에 마음을 둡니다. 지금 이 책을 읽는 것이 바로 그런 행동입니다. 당신은 하나님, 그분의 아들 예수 그리스도, 성령님, 하나님의 나라와 같은 영적인 것에 관심을 두고 있습니다. 그래서 시간과 관심을 들여서 그런 중요한 것을 공부하려고 합니다.

그러나 이런 것은 고사하고 영적인 추구를 전혀 하지 않는 그리스도인도 있습니다. 그들은 육신적인 것에 더 끌리기 때문에 세상적인 것에만 관심과 마음을 두고 삽니다. 그러나 로마서 8장 6절에서 바울은 그런 사람들에게 엄중한 경고를 합니다.

롬 8:6

육신의 생각은 사망이요

육신적인 마음(carnal mind)은 아무런 영적 유익이 없는 세상적인(감각적인) 것만 알아보고 즐기고 갈망하도록 훈련된 마음입니다. 육신적인 마음은 이 땅의 것들, 감각을 만족시키는 것, 식욕을 채우는 것, 이 세상에 몰두하며 영적인 것보다는 이런 것을 추구하는 데만 관심을 가집니다.

성령으로 말미암아 바울은, 육신적인 것에 (주의를 기울이거나 애착을 가짐으로써) 마음을 두는 사람들은 영적 죽음을 위해 자신들을 프로그램하는 것이라고 경고하면서 그 이유를 말해 줍니다. "육신의 생각은 하나님과 원수가 되나니 이는 하나님의 법에 굴복하지 아니할 뿐 아니라 할 수도 없음이라" (롬 8:7)

육신적인 마음은 오로지 세상적인 것들과 어떻게 육신을 기쁘게 할지 만을 생각하며 그리스도 안에서 하나님의 영적인 것이나 하나님을 기쁘시게 하는 것은 생각하지 않습니다. 말씀은 이런 마음은 하나님과 원수가 된다고 선언합니다. 왜냐하면 육신적인 마음은 하나님의 법에 순종하지도 않고 할 수도 없기 때문입니다. 그 이유는 단순합니다. 육신적인 마음은 성령이 아닌 육신과 감각에 의해 통제되기 때문입니다.

바울은 로마서 8장 8절에서 우리로 하여금 숙고하게 하는 말을 합니다.

롬 8:8
육신에 있는 자들은 하나님을 기쁘시게 할 수 없느니라

당신은 어떻게 살고 있습니까? 감각을 따라 겉사람이 이끌리는 것을 따라 살고 있습니까? 만일 이렇게 살고 있다면 당신은 하나님을 기쁘시게 할 수 없습니다. 그러나 바울은 여기에서 그치지 않고, 엄중한 복종에 이어 아주 결정적이고 안도하게 하는 결론을 덧붙입니다.

롬 8:9
만일 너희 속에 하나님의 영이 거하시면 너희가 육신에 있지 아니하고 영에 있나니 누구든지 그리스도의 영이 없으면 그리스도의 사람이 아니라

당신이 거듭났다면 당신의 영은 하나님께 대하여 살아 있습니다. 하나님의 성령이 당신 안에 살아 계시기 때문에 당신은 육신 안에 있지 않고 영 안에 있습니다. 그러므로 당신은 육신 안에서 살지 않고, 그리스도 안에서 하나님께서 주신 생명으로 계속 살 것입니다. 주님을 찬양합니다!

당신은 건전한 마음을 가지고 있습니다

마음을 바르게 사용하는 법을 배우려면, 당신이 건전한 마음을 가지고 있다는 진리를 의식해야 합니다. 디모데후서 1장 7절에서 바울은 이렇게 말했습니다.

딤후 1:7(한글킹제임스)
하나님께서 우리에게 주신 것은 두려워하는 영이 아니라 능력과 사랑과 건전한 생각(sound mind)의 영이라.

자라는 동안 부모님께서 당신에게 아무 짝에도 쓸모 없는 돌대가리라는 말 대신, 건전한 마음을 가졌다고 늘 말씀해 주셨다면 어땠을지 생각해 보십시오. 잘못을 저지를 때마다 사랑으로 교정하며, 당신은 건전한 마음을 가졌기 때문에 그렇게 해서는 안 된다고 말씀해 주셨다면 어땠을까요? 그랬다면 당신이 성장하면서 어떤 자신감과 자아상을 가지게 되었을지 상상해 보십시오.

그렇지만 아직 늦지 않았습니다. 오늘부터 당신은 건전한 마음을 가졌다고 스스로 말하기 시작하십시오. "나는 머리가 좋고, 나의 마음은 건전하다. 나는 탁월하고 아주 명석하다."라고 계속 선포하십시오. 이렇게 말할 때 사람들이 당신에게 교만하고 건방지다고 말해도, 멈춰서는 안 됩니다. 하나님은 두려움의 영이 아니라 능력과 사랑과 건전한 마음의 영을 당신에게 두셨습니다. 이는 당신이 강하고, 사랑스러우며, 정신적으로 건강하다는 말입니다. 능력과 사랑과 건전한 마음, 이 세 가지를 합하면 결과는 탁월함입니다. 당신은 탁월합니다!

어떤 사람은 강하지만 사랑이 없고, 어떤 사람은 사랑하지만 건전하지 않습니다. 그러나 당신은 그렇지 않습니다. 세 가지를 모두 가지고 있으며 완전합니다! 당신은 건전한 마음을 가지고 있으므로, 이를 사용하여 당신의 삶과 당신의 세상을 변화시켜야 합니다.

6 생각의 능력

보시다시피 우리는 계속 생각(thoughts)에 대해서 많은 이야기를 하고 있습니다. 마음이 기능하기 위한 재료인 생각을 말하지 않고서는 마음에 대해 의미 있는 담론을 이어갈 수 없기 때문입니다.

나는 앞서 2장에서, 생각을 의미, 추론, 언어와 표현을 위해 창조하고 기억하며 되새기고 영상을 처리하는 것이라고 정의하였습니다.

이제 이 주제에 대해 더 깊이 들어가게 되면, **생각은 사람의 감정을 가지고 또는 감정 안에서 기능하는 건설적이거나 파괴적인 가능성을 가지고 있는 마음의 그림**이라는 것을 알게 될 것입니다. 다시 말해, 생각에는 당신의 감정에 영향을 끼칠 능력이 있다는 말입니다. 때로 상상이기도 하지만, 실은 상상 이상입니다. 생각은 상상과 정보와 자극에 근거한 마음의 의식적이고도 정신적인 구축물입니다.

그러므로 생각은 의미를 만들어내는 연속된 그림들입니다. 의미 없이 생각할 수는 없습니다. 만일 그렇다면, 생각하고 있는 것이 아닙니다. 진짜 생각한다는 것은 의미 있는 연속된 그림들을 만들거나 자신의 마음을 연속된 영상에 고정시키는 것이며, 그렇게 함으로써 메시지를 부여하는 것입니다.

> 생각은 사람의 감정을 가지고 또는 감정 안에서 기능하는 건설적이거나 파괴적인 가능성을 가지고 있는 마음의 그림입니다.

생각을 잘못 쓰면, 그 생각이 사람을 속박하며 성공과 발전의 발목을 잡고 방해하게 됩니다. 반면 옳은 생각을 하면, 생각의 결과로 영광스러운 자유를 경험하게 됩니다. 그러므로 성경은 빌립보서 4장 8절에서 옳은 생각만 하고 옳은 생각만 선택하라고 조언합니다.

우리는 종종 생각의 능력과 가능성을 과소평가합니다. 그러나 당신이 생각을 바꾸지 않는 한, 삶을 바꿀 수 없습니다. 상태를 바꿀 수 없으므로 당신의 상황도 바꿀 수 없습니다. 당신의 인생은 언제나 당신이 생각하는 방향으로 흘러갈 것입니다. 당신의 삶은 당신의 생각의 특징과 결코 다르지 않을 것입니다.

당신의 삶은 당신의 생각을 반영하고 있습니다. 당신의 삶은 마음 속에서 일어난 일이 밖으로 나타난 것입니다. 그러므로 당신은 생각의 중요성을 이해하고, 어떻게 바르게 이용할지를 반드시 알아야 합니다.

당신의 생각은 어디에서 올까요?

지금쯤 당신은 마음의 잠재적 능력과 생각하는 과정을 계발하고 당신과 관계된 모든 것에 대하여 바른 그림을 창조하는 것의 중요성을 이해하였으리라 믿습니다. 또한 당신은 생각을 하나님께서 원하시는 방식으로 어떻게 효과적으로 집중하는지 알게 되었을 것입니다.

그러나 당신에게서 하나님의 축복을 훔쳐가려고 끊임없이 속임수를 쓰는 대적(마귀)이 있다는 사실을 알아야 합니다. 성경은 마귀를 삼킬 먹잇감을 찾아 으르렁거리며 배회하는 사자로 묘사합니다(벧전 5:8). 그가 당신을 유인하는 방법은 마음에 온갖 잘못된 생각과 그림을 심는 것입니다. 그는 당신을 속박할 해로운 생각을 믿게 하려고 힘쓸 것입니다. 그러므로 떠오르는 정보를 받아들이거나 계속 생각하기 이전에, 당신은

> 당신의 존재는 당신의 생각을 반영하고 있습니다. 당신의 삶은 마음 속에서 일어난 일이 밖으로 나타난 것입니다.

먼저 그런 생각이 어디에서 나왔는지를 분별하고 잘못된 것이 영에 들어오지 못하게 해야 합니다.

당신에게 온 생각을 구별하는 법을 알아야 합니다. 지금 생각하고 있는 생각들이 어디서 나온 것인지, 하나님의 말씀에 비추어 주의하여 점검하지 않으면 당신은 잘못된 길로 갈 수 있습니다.

당신의 생각의 여러 근원을 이해하기

1. 당신 자신의 추론

이는 당신이 얻은 정보에 근거하여 당신으로부터 나온 생각입니다. 이런 정보는 대부분 환경 가운데 일어난 일에 영향을 받은 것입니다. 즉 학교에서 배운 것, 신문에서 읽은 것, 라디오에서 들은 것, 텔레비전에서 본 것, 인터넷에서 본 것이나, 어떤 사람에게 들은 것들입니다.

2. 하나님으로부터 온 생각

하나님에게서도 생각이 올 수 있습니다. 하나님께서는 때로 당신의 영으로 들어가는 문인 당신의 마음을 통하여 그분의 생각을 소통하십니다.

3. 사탄으로부터 온 생각

당신이 허락하기만 하면, 마귀는 악하거나 부정적인 정보, 의견, 암시를 당신의 마음에 집어넣을 수 있습니다. 마귀가 가져다주는 모든 생각은 마음을 오염시키고, 하나님의 진리에 눈멀게 하며, 당신이 누려야 할 영광스러운 삶을 빼앗아 갑니다. 이는 대부분 상상, 그림, 귀로 들을 수 없는 음성들을 통하여 옵니다(고후 4:4).

> 섭섭하게 여기거나, 다른 사람을 업신여기거나, 하나님의 목적에 반대되게 하는 모든 생각은 당신이 아니라 마귀로부터 온 것입니다.

당신은 아마도 "그러면 어떻게 나에게 온 생각을 구별할 수 있나요?"하며 궁금해할 것입니다. 받아들여야 할 생각인지, 받아들여서는 안 되는 생각인지 어떻게 구별할 수 있을까요? 간단합니다.

성경은 당신이 거듭났다면 그리스도의 마음을 가졌다고 말씀합니다. "누가 주의 마음을 알아서 주를 가르치겠느냐 그러나 우리가 그리스도의 마음을 가졌느니라"(고전 2:16) 이전에 어떤 방식으로 생각했든지 간에, 이제 하나님의 자녀가 된 당신의 마음은 그리스도처럼 생각할 수 있게 되어 있고 그럴 능력이 있습니다.

새로운 피조물들이 일어나기 전에는 하나님께서 이렇게 말씀하셨습니다. "이는 내 생각이 너희의 생각과 다르며 내 길은 너희의 길과 다름이니라 여호와의 말씀이니라"(사 55:8) 그러나 이제 당신은 거듭났습니다. 이제는 하나님의 생명을 가지고, 하나님의 본성에 참여하는 사람이 되었습니다(벧후 1:4). 하나님께 영광을 돌립니다! 이제는 오직 한 가지 생각 밖에는 없는데, 그것은 바로 당신이 지금 그리스도 안에 있다는 것입니다.

예수님은 말씀하셨습니다. "나는 길이요, 진리요, 생명이다"(요 14:6) 그러므로 하나님과 사람에게 유익한 모든 생각은 하늘에서 온 것이며, 하나님의 천국은 당신의 심령 안에서 작용하고 있습니다. 반면 섭섭하게 여기거나, 다른 사람을 업신여기거나, 하나님의 목적에 반대되게 하는 모든 생각은 당신이 아니라 마귀로부터 온 것입니다. 당신이나 그분의 몸인 교회를 위한 하나님의 계획에 모순되거나 마음을 불편하게 하는 생각을 발견하거든, 당신이나 하나님으로부터 온 것이 아니라 마귀로부터 온 것으로 아십시오. 이런 생각이 나면 즉시 구별하여 거절하십시오.

당신의 생각은 기본적으로 주님의 관점에서 나온 것입니다. 하나님은 당신을 선하다고 선언하셨으므로 악하고 건강하지 못하고 부정적인 생각은 당신에게서 나올 수 없습니다.

당신은 생각에 대해 책임이 있습니다

창세기 6장 5절은 하나님께서 사람의 삶을 보셨다고 기록하고 있습니다. 그분은 사람이 살아온 방식과 그들이 동료들과 어떻게 관계를 맺는지를 보셨습니다.

> 창 6:5
> 여호와께서 사람의 죄악이 세상에 가득함과 그의 마음(heart)으로 생각(thoughts)하는 모든 계획(imagination;상상)이 항상 악할 뿐임을 보시고

여기에서 "상상(imagination)"이라는 단어에 주의하기 바랍니다. 어떤 번역본들은 이 단어를 "성향(inclination)"이라고 번역합니다. 다른 말로 하면, "사람의 심령(heart)의 모든 생각의 성향이 끊임없이 악하기만 하다"는 말입니다. 이 말은 사람은 끊임없이 악한 것을 생각하고 상상하는 성향을 가지고 있다는 말입니다. 악한 것은 사람의 심령에 언제나 있었습니다. 그래서 주님은 이렇게 말씀하셨습니다. "이르시되 내가 창조한 사람을 내가 지면에서 쓸어버리되 사람으로부터 가축과 기는 것과 공중의 새까지 그리하리니 이는 내가 그것들을 지었음을 한탄함이니라 하시니라"(창 6:7)

하나님은 사람의 생각에 책임을 물으셨습니다. 그렇지 않다면 하나님이 사람에게 이런 심판을 내리지 않으셨을 것입니다.

어떤 이들은 이렇게 말합니다. "그렇지만 부정적인 생각이 그냥 마음에 떠올라요. 어떻게 그런 생각을 하게 되었는지 나도 모르겠어요." 그러나 하나님은 당신이 그런 생각을 지속하는 것에 대해 책임을 물으십니다.

기억하십니까, "생각"의 정의는 의미 있는 영상을 처리하고, 창조하고, 떠올리고, 되새기는 것입니다. 창조하고, 다시 떠올리고, 되뇌고, 곰곰이 생각하는 것은 모두 당신에게 달려 있습니다. 당신에게 떠오른 영상을 처리할 것인지 말 것인지는 당신에게 달렸습니다. 당신이 그 영상을 의미 있는 것으로 처리하지 않는다면, 그것이 스스로 당신에게 의미를 줄 수는 없습니다. 당신이 그 영상에 의미를 부여해야만 합니다. 누가복음 24장 37절에서 제자들이 귀신에게 의미를 부여했던 것과 똑같이 말입니다(2장에서 나누었던 내용을 생각해 보십시오).

그들은 귀신에게 공격을 받거나 죽임 당한 사람을 본 적은 없지만, 귀신에 대한 이야기를 듣고는 두려움이 마음에 생기게 되었습니다. 그래서 그들은 낙심한 심령의 치유자이자 하나님의 친절하심과 사랑의 표현이신 예수님을 보고도 그분을 귀신으로 생각하여 두려워했습니다.

예수님께서 그들의 두려움을 없애주려고 말씀하지 않으셨

더라면 어떻게 되었겠습니까? 만일 주님께서 험한 표정을 보이셨다면 어떻게 되었겠습니까? 그들은 정신을 잃거나 두려움으로 죽었을지도 모릅니다. 그렇게 되면 실제로는 두려움 때문에 죽었는데도, 귀신이 제자들을 죽였다는 소문이 퍼졌을 것입니다.

우리는 마음으로, 우리가 받아들이고 처리하는 영상에 의미를 부여하고 해석하며 추론합니다. 당신은 무엇이든지 마음으로 상상하는 것에 이유를 부여할 수 있으며, 그것을 표현할 언어도 부여할 수 있습니다.

당신의 사고방식을 바꾸십시오

하나님께서 당신의 생각에 대한 책임을 물으신다고 이미 말했습니다. 예레미야 17장 9절은 이렇게 말씀합니다.

> 렘 17:9
> 만물보다 거짓되고 심히 부패한 것은 마음(heart)이라 누가
> 능히 이를 알리요마는

이 구절은 거듭나지 않은 속사람의 상태를 묘사합니다. 자연인의 심령(heart)은 전적으로 악하기 때문에, 예수님께서 너희는

거듭나야 한다고 말씀하신 것은 놀라운 일이 아닙니다.

또한 이사야 55장 7절은 이렇게 말씀합니다.

> 사 55:7
> 악인은 그의 길을, 불의한 자는 그의 생각을 버리고 여호와께로 돌아오라 그리하면 그가 긍휼히 여기시리라 우리 하나님께로 돌아오라 그가 너그럽게 용서하시리라

이런 말씀은 하나님께서 모든 사람, 심지어 불의한 자와 구원받지 못한 자에게도 생각에 대한 책임을 물으신다는 것을 보여 줍니다. 예레미야 17장 9절과 창세기 6장 5-6절에 의하면 그의 심령은 철저하게 악하고 그의 생각들은 끊임없이 악할 뿐입니다. 그렇다면 불의한 자는 그런 상태에 대해 어떻게 해야 하겠습니까? 예수님께서 요한복음 3장 3절에서 답을 주셨습니다. 주님은 그가 재창조되어야 한다고, 즉 거듭나서 새로운 본성과 새로운 심령(heart)을 받아야 한다고 말씀하십니다.

그러나 구원의 기적으로 인해 순간적으로 새 심령을 받음에도 불구하고, 부정적이고 악한 생각의 문제는 여전히 남아있습니다. 그래서 이사야 55장 7절은 이렇게 말씀합니다. "악인은 그의 길을, 불의한 자는 그의 생각을 버리고 여호와께로 돌아오라 그리하면 그가 긍휼히 여기시리라 우리 하나님께로 돌아

오라 그가 너그럽게 용서하시리라" 다시 말해, 생각하는 방식을 바꾸십시오. 주님은 당신의 생각에 대해서 당신에게 책임을 물으시며, 당신의 사고방식을 그분의 말씀과 일치하도록 바꾸기를 기대하십니다.

생각은 주변에 영향을 끼칩니다

생각이 주변의 것들에도 영향을 끼친다는 것을 알고 있습니까? 생각은 신호를 보내고, 그 신호는 당신 주변의 것들과 당신과 연결되어 있는 사람들에 의해 받아들여지기 때문입니다.

누군가에 대하여 생각하고 있는데, 갑자기 그 사람이 나타나거나 전화를 하거나 문자를 보내는 일을 경험한 적이 있을 것입니다. 혹은 어떤 것에 관해 생각하면서 아무에게도 그것을 말하지 않았는데, 가까이 있는 사람이 당신과 똑같은 것을 생각하고 실제로 말하는 경우도 있습니다. 과학은 이를 텔레파시, 즉 초감각적인 수단으로 한 사람의 마음에서 다른 사람의 마음으로 생각이 이전된 것이라고 말합니다. 그러나 과학 뒤에 있는 영적인 것을 이해한다면, 당신은 당신이 허락하는 생각에 관하여 좀 더 주의하게 될 것입니다.

나는 마음에 아무 생각이나 허락하지 않습니다. 나와 가까이 있는 사람이 해서는 안 되는 생각이라면, 나는 그런 생각을 하지 않습니다. 왜냐하면 나는 내가 하는 생각들을 전달할 수 있다는 것을 알기 때문입니다.

우리는 모두 생각을 전달하고, 때로는 부주의하게 우리의 환경에 부정적인 생각을 전함으로써 그 생각이 도리어 우리를 공격하게 만들기도 합니다. 예를 들어, 당신의 방이 당신의 생각을 가지고 있다는 것을 알고 있었습니까? 방에 있는 벽, 가구, 옷 등은 기억력을 가지고 있고, 당신으로부터 정보를 받아서 보존할 수 있으며, 당신으로부터 받은 모든 것들을 그들 안에 유지할 수 있는 재료들로 만들어져 있습니다. 그러므로 당신은 마음에 떠오르는 여러 종류의 생각에 관하여 매우 조심함으로써 원하지 않는 것이 당신에게 일어나지 않도록 해야 합니다.

"두려워하지 말아라"

왜 주님은 우리에게 그렇게 자주 "두려워하지 말아라"라고 말씀하시는지 알고 있습니까? 당신이 두려운 생각을 허락하면 그 생각이 마음에 영향을 끼쳐서 하나님의 능력이 흘러 들어오는 것을 가로막기 때문입니다.

당신은 마음을 바르게 사용하도록 훈련해야 합니다. 행복한 생각을 하는 법을 배우십시오. 불편함, 내적 갈등, 분노, 불쾌감, 쓴 감정 등과 같은 부정적인 생각이 날 때, 즉시 거절하고 마음을 바꿀 수 있을 정도로 숙달되도록 연습하십시오. 생각을 바꾸십시오. 옳은 것을 말하고, 감사의 말을 하고, 하나님을 찬양하는 노래를 부르십시오.

  이렇게 함으로써 당신은 마음을 사용하여 당신의 방향으로 좋은 것들이 흘러 들어오게 하고, 주변에 잘못된 것이나 부정적인 것이나 악한 것들이 일어나지 않도록 만들 수 있습니다.

# 견고한 진 무너뜨리기

우리는 전쟁 중입니다!

지금까지 말한 것 중 결정적으로 중요한 것은, 말과 행동은 지배적인 생각에 의해 인도를 받는다는 것입니다. 만일 당신이 생각을 붙잡고 통제하지 않는다면, 당신은 당신이 말하거나 행하리라고는 꿈도 꾸지 않았던 끔찍한 것을 말하고 행하게 될 것입니다. 왜냐하면 마귀가 당신의 마음을 끊임없이 공격하고 있기 때문입니다. 마귀는 항상 당신의 마음을 공격하여 오염시킴으로써 당신이 영의 일에 무력하고 비효과적이 되도록 할 수 있습니다.

성경은 우리가 현재 진행 중인 영적 전쟁에 참여하고 있음을 보여 줍니다.

고후 10:3
우리가 육신으로 행하나 육신에 따라 싸우지 아니하노니

엡 6:12
우리의 씨름은 혈과 육을 상대하는 것이 아니요 통치자들과 권세들과 이 어둠의 세상 주관자들과 하늘에 있는 악의 영들을 상대함이라

그러나 성경은 또한 우리가 승리를 약속하는 하나님의 무기로 무장되어 있다는 것도 알려 줍니다.

고후 10:4-5
우리의 싸우는 무기는 육신에 속한 것이 아니요 오직 어떤 견고한 진도 무너뜨리는 하나님의 능력이라 모든 이론(imagination;상상)을 무너뜨리며 하나님 아는 것을 대적하여 높아진 것을 다(every high thing) 무너뜨리고 모든 생각(thought)을 사로잡아 그리스도에게 복종하게 하니

여기서 바울은 우리의 마음을 이런 영적 전쟁의 전쟁터라고 지칭하면서, 마음 안에서 일어나고 존재하는 것들, 즉 견고한 진, 상상, 생각과 "모든 높아진 것"에 관하여 이야기합니다.

견고한 진, 상상, 생각, "모든 높아진 것"

고린도후서 10장 4절의 문맥에서 "견고한 진들(Strongholds)"은 요새가 된 물리적 구축물이나 당신을 대항하여 마귀가 휘두르는 외적인 힘을 말하는 것이 아닙니다. 이는 사람의 마음을 공격하고 사로잡아 어떤 방식으로 생각하고 행동하며 반응하게 하여 결과적으로 그리스도 안에 있는 기업을 누리지 못하도록 만드는 하나님의 말씀에 반대되는 아이디어, 이론, 상상, 추론, 신념 같은 것을 가리킵니다.

> 견고한 진이란 사람이 하나님의 것에서 전진하지 못하도록 봉쇄하는 정신적인 장벽입니다.

견고한 진은 당신의 이전 환경과 당신이 생각하도록 자라온 방식의 결과로서 당신의 마음에 형성된 생각들일 수도 있습니다. 이는 당신이 지금까지 보고 듣고 경험한 것과 거듭나기 전이나 후에 형성한 습관과 성품의 결과로 형성되어 있습니다. 이는 사회적 규범으로 인정되고 받아들여진 문화적 전통일 수도 있습니다. 그러나 이 모든 것의 역할은 하나님으로부터 오는 새로운 생각이 당신의 마음으로 들어오는 것을 막는 것입니다.

요점만 말하면, **견고한 진이란 사람이 하나님의 것에서 전진하지 못하도록 봉쇄하는 정신적인 장벽입니다.**

예를 들어, 어떤 사람은 할아버지와 아버지가 실패자였기 때문에 "나도 절대 성공하지 못할 거야."라고 생각합니다. 또 어떤 사람은 그런 것들을 경험해왔기 때문에 "뭔가 좋은 일이 내게 일어나려고 할 때는 늘 갑자기 끔찍한 일이 일어나서 기회를 놓친다니까!"라고 말합니다. 이런 것이 바로 견고한 진입니다!

바울은 또한 "모든 높아진 것"에 관하여 말합니다.

> 고후 10:5
> 하나님 아는 것을 대적하여 높아진 것을 다(every high thing that exalted itself against the knowledge of God) 무너뜨리고 모든 생각을 사로잡아 그리스도에게 복종하게 하니

이는 하나님의 지식을 부정하거나 반대하는 사람이 만든 윤리, 종교, 철학처럼 거짓되게 추앙받는 시스템을 가리킵니다. 이런 것들은 헛된 것, 사실무근의 의견(opinions), 독단적 주장(dogmas), 사고방식(mind-sets), 편견(biases), 미신(superstitions)과 같은 것들로서 하나님의 지식에 대항하여 사람들의 마음에 세워진 정신적인 장벽들입니다.

그러나 우리를 난공불락의 무기로 무장시켜 주셔서 우리

마음을 향한 사탄의 공격에 상처를 입지 않게 해 주신 하나님께 감사 드립니다. 하나님의 말씀은 마귀가 우리에게 제시하는 모든 상상을 떨쳐버리고, 모든 생각을 끌어내리며, 하나님을 아는 지식 위에 스스로를 높이는 모든 높은 것들을 끌어내려서 모든 생각을 그리스도(말씀)에 복종시키게 하는 하나님으로부터 온 강력한 무기들로 우리가 무장되어 있다는 것을 보여 줍니다. 우리는 사탄의 조종을 받아 묶여있는 사람들을 우리의 무기로 풀어 줄 수 있습니다. 할렐루야!

하나님의 갑주

(우리가 좋아하든지 좋아하지 않든지, 혹은 알고 있든지 모르고 있든지) 우리는 사탄의 군대와 전쟁을 하고 있는 중임을 확인하였습니다. 이는 영적인 전쟁이므로 우리는 오직 영적인 무기를 사용하여서만 적과 싸울 수 있습니다(고후 10:4).

에베소서 6장 13-17절에서 바울은 난공불락의 강력한 갑주의 각 부분들을 하나씩 언급합니다.

엡 6:13-17
그러므로 하나님의 전신 갑주를 취하라 이는 악한 날에 너희가 능히 대적하고 모든 일을 행한 후에 서기 위함이라 그런즉 서서 진리로 너희 허리 띠를 띠고 의의 호심경을 붙이고 평안의 복음이 준비한 것으로 신을 신고 모든 것 위에 믿음의 방패를 가지고 이로써 능히 악한 자의 모든 불화살을 소멸하고 구원의 투구와 성령의 검 곧 하나님의 말씀을 가지라

갑주는 다음과 같이 구성되어 있습니다.

1. 진리의 허리띠
2. 의의 가슴막이
3. 복음의 예비한 신
4. 믿음의 방패
5. 구원의 투구
6. 성령의 검

이 무기들을 자세히 살펴보면 성령의 칼 하나만 공격 무기이고, 나머지는 모두 마귀의 공격으로부터 방어하기 위한 장비인 것을 볼 수 있습니다.

여기 킹제임스 역이 약간 오도하도록 번역한 16절을 보십시오. "모든 것 위에 믿음의 방패를 가지고 이로써 능히 악한 자의 모든 불화살을 소멸하고(Above all, taking the shield of faith, wherewith ye shall be able to quench all the fiery darts of the wicked.)" 이는 마치 믿음의 방패가 그리스도인의 장비 가운데 가장 중요하다고 하는 것 같습니다. 코니베어 역은 주석에서, 만약 그렇다면 믿음의 방패는 맨 마지막에 언급되었어야 했을 것인데 바울은 믿음의 방패 다음에도 두 개의 장비를 더 언급하고 있다고 주장합니다.

그러므로 코니베어 역은 "모든 것 위에(above all)" 대신에 이렇게 말합니다. "당신을 방어하기 위하여 악한 자의 모든 불화살을 소멸할 수 있는 믿음의 방패를 **취하라**(take up to cover you the shield of faith, wherewith you shall be able to quench all the fiery darts of the Evil One)"(엡 6:16)

확대 역은 이렇게 번역합니다. "악한 자가 쏜 모든 날아오는 미사일들을 요격할 수 있는 모든 구원하는 믿음의 [덮는] 방패를 들어 올리십시오.(Lift up over all the [covering] shield of saving faith, upon which you can quench all the flaming missiles of the wicked [one])"

그리스도인의 갑주에 관한 가르침에서 바울은 로마 병사의 갑주와 재미있는 비교를 하고 있습니다. 여기서 "방패(shield)"라고 번역된 헬라어는 "투레오스(thureos)"인데, 이 방패는 특별히 중무장한 로마 보병에 의해 사용되었습니다. 이 방패는 작고 동그란 것이 아니라 가로 120센티미터, 세로

75센티미터의 타원형으로 된 커다란 것입니다. 고대 전쟁에서 가장 위험한 무기 중에는 화살촉을 역청에 담근 화살인 불화살이 있었습니다. 역청에 담갔던 화살촉에 불을 붙여서 불타는 화살을 적에게 발사했습니다. 이 불화살에 대항하기 위해 로마 병사는 화살을 향해 방패를 들어서 방패에 꽂힌 화살의 불을 끔으로써, 방패 아래나 뒤에서 자신을 완전히 방어했습니다.

위 구절에서 바울은 당신의 믿음의 방패는 당신의 모든 부분을 방어하고 보호할 수 있을 만큼 크고 강해서, 악한 자의 모든 불화살이 당신 장비의 어떤 부분도 뚫지 못하도록 해야 한다고 말하고 있습니다!

그러므로 당신을 완전히 덮을 수 있도록 믿음의 방패를 들고 악한 자의 모든 불화살을 소멸하십시오. 이 불화살은 마귀가 사람의 마음을 향해 쏘아대는 생각들이며, 이런 생각이 삶과 가정을 파괴하고, 사업을 망치며, 전쟁을 일으키고, 나라를 황폐하게 합니다. 그러나 당신은 적이 쏘아대는 모든 화살을 믿음의 방패로 소멸할 수 있으며, 반드시 소멸해야만 합니다.

논쟁자의 추론을 넘어뜨리기

고린도후서 10장 3절(코니베어)은 이렇게 말합니다.

내가 사용하는 무기는 육신적인 연약한 것이 아니라, 적들의 견고한 진들을 전복시킬 수 있는 하나님의 힘으로 강력한 것입니다. 이로써 나는 **논쟁자의 추론들을** 넘어뜨리고, 하나님의 지식을 대항하여 스스로 세워놓은 높은 요새들을 무너뜨리고, 모든 반항적인 생각을 사로잡아 그리스도께 복종시키는 것입니다(역자 직역)

For the weapons which I wield are not of fleshly weakness, but mighty in the strength of God to overthrow the strongholds of the adversaries. Thereby can I overthrow the reasonings of the disputer, and pull down all lofty bulwarks that raise themselves against the knowledge of God, and bring every rebellious thought into captivity and subjection to Christ.(Conybeare)

적의 견고한 진을 넘어뜨리기 위해서 당신은 무엇을 사용합니까? 성령의 검, 곧 하나님의 말씀입니다! 우리의 무기 중에서 이것만이 공격 무기임을 기억하십시오. 하나님의 말씀을 낮은 소리로 읊조리고 중얼거리며 말할 때, 당신이 평생 듣고 믿어온 잘못된 것에 근거한 정신적인 장벽이 여리고 성처럼 무너져 내립니다. 하나님께 영광을 돌립니다!

그래서 나는 말씀을 가르치고 선포하는 것을 좋아합니다. 왜냐하면 그렇게 할 때, 사람들이 그토록 오랫동안 가지고 살아온 마음의 잘못된 아이디어와 이론과, 삶과 사회를 세웠던 불경스런 문화와 전통이 허물어지기 때문입니다. 이런 것은 하나님의 말씀의 능력에 견디어 낼 수가 없습니다!

논쟁자의 추론은 어떻게 될까요? 이것도 물론 성령의 검으로 무너뜨립니다. 사탄은 하나님의 말씀에 대항하여 논쟁하는 자입니다. 하나님께서 아담에게 선과 악을 알게 하는 지식의 나무의 열매를 먹지 말라고 지시하셨을 때, 사탄은 동산에서 (뱀의 모양으로) 하와에게 다가가 하나님의 말씀에 의문을 품게 했고, 그녀는 속았습니다(창 3:1-6). 마귀는 오늘날도 여전히 똑같이 합니다.

예를 들면, 말씀은 예수님이 채찍에 맞으심으로 너희는 나았다고 선언하지만(벧전 2:24), 마귀는 당신에게 "뭐라고? 네가 정말로 나았다고 생각해? 정말 나았다면 너는 왜 아직도 고통을 느끼고 있지?"라고 말할 것입니다.

보다시피 마귀는 부정적인 추론과 제안으로 하나님의 말씀에 도전하고 당신을 속여서 축복을 빼앗으려고 할 것입니다. 그러나 당신은 이 모든 것을 성령의 검으로 무너뜨릴 수 있습니다. 코니베어 번역본의 에베소서 6장 13절이 말하는 것처럼 "…그 모든 것들을 무너뜨리고…흔들리지 말고 맞서십시오."

그러므로 하나님의 말씀을 선포하고, 그리스도 안에 있는 당신의 기업을 주장하면서, 당신의 자리를 지키고, 마귀에 대항하여 굳게 맞서십시오.

당신이 갑주를 취하고 있으면 마귀가 던진 어떤 것도 침투할 수 없습니다. 그러면 당신은 성령의 검을 가지고 마귀를 공격하여 견고한 진을 무너뜨릴 수 있습니다. 하나님께 영광을 돌립니다!

8 부정적인 생각과 감정을 다루기

 마음에 대한 정의에서 우리는 마음이 느낌과 감정을 처리하는 책임을 가지고 있다고 했습니다. 이것은 특별히 다양한 정도의 애착과 냉담함과 열정을 가리킵니다. 당신은 어떤 것이나 어떤 사람에 대하여 더 호의를 가지거나 덜 호의를 가질 수 있습니다. 그러므로 애착과 냉담이 있을 수 있습니다. 뿐만 아니라 당신은 어떤 것을 위한 열정이 있거나 반대하는 열정을 가질 수도 있습니다. 이런 것들은 모두 마음의 산물입니다.

근심과 고통을 만들지 말라

느 8:10
느헤미야가 또 그들에게 이르기를 너희는 가서 살진 것을 먹고 단 것을 마시되 준비하지 못한 자에게는 나누어 주라

이 날은 우리 주의 성일이니 근심하지 말라 여호와로 인하여 기뻐하는 것이 너희의 힘이니라 하고

여기에서 주의할 것은 "근심하지 말라 여호와로 인하여 기뻐하는 것이 너희의 힘이니라"라는 부분입니다. "근심하지 말라(Neither be ye sorry)"라는 킹제임스 번역은 적절하지 않습니다. "근심하는(sorry)"이라고 번역된 히브리 원어는 "아차브(awtsab)"로서 '새기다(carve), 만들다(fabricate), 또는 근심(worry), 고통(pain), 화(anger), 불쾌함(displeasure), 슬픔(grief), 상처(hurt)를 만들다'라는 뜻입니다. 그러므로 느헤미야가 이스라엘 백성에게 하는 말의 요점은 "여호와를 기뻐하는 것이 너희의 힘이므로, 이런 근심, 고통, 화, 불쾌함, 슬픔이나 상처의 부정적인 느낌과 감정을 곰곰이 생각하거나, 만들거나, 지어내지 말라"는 것입니다.

느헤미야가 여기서 집중하여 본 것은 이것이었습니다. 그는 이스라엘 백성이 약하지 않고 강하며, 실패하지 않고 성공하며, 부족하지 않고 넉넉한 것을 보았습니다. 그러므로 그는 근심이나 고통을 만들어내지 말라고 말합니다. 왜냐하면 이런 감정들은 그들의 사기를 저하시키고 멸망하도록 하기 때문입니다.

여호와를 기뻐하는 것이 당신의 힘이며, 하나님께서는

그분이 주시는 능력 안에서 당신이 강하기를 원하십니다. 그렇지 않으면 하나님께서는 당신을 사용하실 수 없으십니다. 하나님께서 여호수아에게 "강하고 매우 담대하라"(수 1:7)고 하셨던 것을 기억하십시오. 이제 느헤미야는 우리에게 여호와를 기뻐하는 것이 힘이라고 말합니다.

> 사탄은 당신이 하나님을 기쁘시게 하지 못하게 하기 위해 당신의 기쁨을 빼앗아 가려고 노릴 것입니다.

그러므로 사탄은 당신이 하나님을 기쁘시게 하지 못하게 하기 위해 당신의 기쁨을 빼앗아 가려고 노릴 것입니다. 마귀는 당신이 기뻐하는 것을 중단시키고, 나쁜 기분과 감정에 대해 주변 사람을 탓하게 할 것입니다. 마귀가 성공하면, 당신은 끊임없이 화가 나고 분노하게 될 것입니다. 왜냐하면 어디서든 누군가는 항상 당신의 기분을 상하게 하고, 상처를 입히고, 괴롭힐 것이기 때문입니다. 이렇게 되면 당신은 "잘못된 태도"를 형성하게 됩니다. 그러나 그 때 실제로 일어나는 일은, 당신이 영적으로 더 약해지는 것입니다. 당신의 힘이 되었어야 할 여호와를 기뻐하는 것을 사탄이 빼앗아 가도록 허락했기 때문입니다.

주님께서 고통, 불쾌함, 슬픔, 근심을 만들거나, 곰곰이 생각하거나, 창조하지 말라고 하시는 것은 당신이 이런 것들을

> 당신은 하나님의 의를 나타내는 자이며, 하나님의 빛을 드러내는 자이며, 하나님의 선하심을 나누어주는 자입니다. 그러므로 당신을 통해서 사탄의 성품이 보이지 않게 하십시오.

마음에 재생산하거나 곰곰이 생각하지 않으면 그것이 아무런 힘도 행사하지 못한다는 것을 알려 주시는 것입니다.

하나님은 여호수아에게 이렇게 말씀하셨습니다. "네 평생에 너를 능히 대적할 자가 없으리니 내가 모세와 함께 있었던 것 같이 너와 함께 있을 것임이니라 내가 너를 떠나지 아니하며 버리지 아니하리니 강하고 담대하라 너는 내가 그들의 조상에게 맹세하여 그들에게 주리라 한 땅을 이 백성에게 차지하게 하리라 오직 강하고 극히 담대하여 나의 종 모세가 네게 명령한 그 율법을 다 지켜 행하고 우로나 좌로나 치우치지 말라 그리하면 어디로 가든지 형통하리니"(수 1:5-7)

주님은 당신이 여호수아처럼 강하고 매우 담대하기를 요구하고 계십니다. 어떻게 당신이 강해질 수 있습니까? 이 힘은 주님을 기뻐하는 것에서 오며, 기쁨의 표현은 노래하고, 웃고, 춤추고, 찬양의 말을 하며, 주 안에서 형제자매에게 긍정적인 말을 하고, 힘을 주고 격려해주는 말을 함으로써 그들과 사랑 가운데 화목한 것입니다. 고통, 불쾌함, 근심과 같은 부정적인 기분이나 감정에 머물러 있지 마십시오.

실패에 집중하지 마십시오

실패나 당신을 괴롭히려는 사람에게 마음을 쓰지 마십시오. 부정적이고, 상처를 입히고, 증오하는 말에 마음을 쓰지 마십시오. 당신은 하나님으로부터 났으며 하나님의 성품을 가지고 있습니다. 당신은 하나님의 형상을 따라 지음 받았으므로 하나님처럼 생각하고 행동하십시오.

당신은 하나님의 의를 나타내는 자이며(고후 5:21), 하나님의 빛을 드러내는 자이며, 하나님의 선하심을 나누어주는 하나님의 자녀입니다. 그러므로 어떤 부정적인 것에도 틈을 주지 말고, 당신을 통해서 사탄의 성품이 보이지 않게 하십시오.

어떤 잘못 때문에 누군가를 은혜를 모르는 사람으로 찍어 놓고 다시는 말도 하지 않겠다고 다짐했을 수도 있습니다. 그러나 그런 태도는 하나님의 성품에 반대됩니다. 우리의 왕국에서는 원수를 만들지 않습니다. 그들은 우리를 원수라 할지라도, 우리는 오직 친구만 만들 뿐입니다.

성경은 이렇게 말씀합니다. "우리가 아직 죄인 되었을 때에 그리스도께서 우리를 위하여 죽으심으로 하나님께서 우리에 대한 자기의 사랑을 확증하셨느니라"(롬 5:8) 그리스도와 같은 태도를 가지십시오. 잘못한 사람을 용서하고 그에게 다시 말을 걸기 위해 그가 먼저 사과하기를 기다리지 마십시오. 우리가 그분을 인정하지 않은 죄인이었을 때에도 사랑을 베푸신 하나님처럼 행동하십시오. 사람들이 당신을 멸시하고 무시하더라도, 사랑(관심과 돌봄)을 베푸십시오. 영 안에 하나님의 의로움이 나타나게 하면 당신은 항상 행복해질 것입니다.

감정적이 아니라 영적으로 반응하십시오

주위 사람들이 감정적으로 부정적인 반응을 하더라도 당신은 영으로 반응하는 법을 배워야 합니다. 하나님은 당신의 영에 하나님의 말씀이 있어서, 그 말씀으로 당신의 마음을 통제하기를 바라십니다. 그래서 바울은 성령으로 말미암아 "오직 너희의 심령이 새롭게 되어"라고 말합니다(엡 4:23).

우리는 로마서 12장 2절을 통해, 어떻게 마음으로 삶을 변화시키는지 배웠습니다. "너희는 이 세대를 본받지 말고 오직 마음을 새롭게 함으로 변화를 받아 하나님의 선하시고 기뻐하시고 온전하신 뜻이 무엇인지 분별하도록 하라"(롬 12:2)

이는 내가 젊은 그리스도인이었을 때 교회에서 성장하면서 배우고 암송했던 첫 번째 성경 말씀이었습니다. 이 말씀은 당신의 마음을 새롭게 하는 것은 당신의 책임이라고 말하고 있습니다. 또한 당신의 마음을 새롭게 함으로 변화를 받으라고 말하는 데서 그치지 않습니다. 당신의 마음을 새롭게 하는 데 있어서, 무엇이 선하시고 기뻐하시고 온전한 하나님의 뜻인지 분별할 것이라고 말합니다.

이 말씀을 천천히 한 번 읽어보고 낮은 소리로 읊조려 보십시오. 하나님의 말씀은 당신의 삶에 결과를 생산하도록 만들어져 있습니다.

당신 안에 있는 가장 좋은 것만 나오게 하십시오

어떤 부정적인 감정이나 태도를 나타내고 스스로 놀란 적이 있다면, 빨리 회개하고 고치십시오. "아버지, 제가 이렇게 조급한 줄은 저도 몰랐습니다. 오늘부터 저는 예수 이름으로 조급함을 거절하겠습니다." 만일 사랑으로 반응하지 않고 증오나 화나 쓴 감정으로 반응했다면, 이렇게 말하십시오. "아버지, 주 예수 그리스도의 이름으로 나는 이것을 거절합니다. 이런 반응은 나에게 능력을 행사하지 못할 것입니다."

어떤 사람이나 어떤 것도 당신에게서 나쁜 것이 나오게 하도록 허락하지 마십시오. 이와 같은 불경스러운 속성이 당신을 통해 나타나지 않도록 하십시오. 사탄의 표현이 당신의 삶에 나타나는 것을 거절하십시오. 그래서 나는 이 노래를 좋아합니다.

"사탄은 이 곳에 어떤 권세도 없네.
그는 여기 권세가 없네.
나는 주님의 임재를 위해 만들어졌으므로
사탄은 여기 아무 권세가 없네."

이런 노래는 당신이 부를 때 그런 방향으로 살 수 있도록 도와줍니다. 당신은 그분의 임재를 위해 만들어진 주님의 거처입니다. 그러므로 사탄은 당신 삶에 대해 어떤 부분에도 어떤 권세도 없습니다.

혹시 화가 나서 참을 수 없이 끓어 오르거든 이렇게 말하십시오. "아니야! 나는 사랑이 가득해!" 그런 다음 화에 대하여 이렇게 말하십시오. "화야, 너는 내 심령에 있을 권세가 없어. 나는 주님의 임재를 위해 만들어진 주님의 거처란 말이야!" 이렇게 할 때, 하나님의 사랑이 샘솟아 심령을 가득 채우게 될 것입니다. 하나님께 영광을 돌립니다!

걱정하지 마십시오

사도 바울은 빌립보 교회에 편지를 쓰면서 마음 관리의 독특한 축복과 유익을 소개하고 있습니다.

빌 4:6-7
아무것도 염려하지 말고 다만 모든 일에 기도와 간구로, 너희 구할 것을 감사함으로 하나님께 아뢰라 그리하면 모든 지각에 뛰어난 하나님의 평강이 그리스도 예수 안에서 너희 마음과 생각을 지키시리라

헬라어 메림나오(merimnao)를 번역한 "염려하다(careful)"라는 단어는 '생각하다(to take a though)' 혹은 '어떤 것에 관하여 걱정하다(to be anxious about)'라는 뜻입니다. 그래서 뉴킹제임스(NKJV)나 다른 여러 번역본에서는 빌립보서 4장 6절을

"아무것도 염려하지 마십시오(Be anxious for nothing)"라고 번역하였습니다. 같은 구절을 확대 역(AMP)에서는 "어떤 것에 대해서 조바심내거나 어떤 염려도 하지 마십시오(Do not fret or have any anxiety about anything)"라고 했습니다.

우리는 항상 생각을 합니다. 당신의 마음(정신적인 수용 시스템)은 심지어 지금 이 책을 읽고 있는 중에도 들어오는 수많은 생각의 신호를 처리하고 있을지 모릅니다. 당신은 어제 있었던 일, 내일 할 일, 직장에서 마치지 못한 일, 사업 거래, 배우자의 생일, 자녀들의 축구 연습, 당신의 꿈 등과 같은 광범위한 주제들에 관하여 생각했을 수도 있습니다.

언제든 당신의 마음에는 수많은 생각의 폭탄이 쏟아질 수 있습니다만, 궁극적으로 무엇을 선택하고 깊이 생각해 볼지는 당신이 결정합니다. 당신이 어떤 생각을 선택하여 되새길 때 그것이 당신 안에서 당신에게 어떻게 작용할지는 아무도 모릅니다.

"생각한다(take a thought)"는 것은 관심을 가질 정도로 무엇인가에 마음을 집중한다는 말이며, 흔히 그것은 우리가 마땅히 집중해야 하는 것으로부터 우리를 산만하게 하는 것을 의미합니다. 그렇기 때문에 위 말씀은 말씀이 우리의 영과 마음에 가져다주는 평안으로부터 우리를 멀어지게 하고 주의를 산만하게 하는 생각을 하지 말라고 권면하고 있습니다.

주님은 마태복음 6장 25-27절에서 우리에게 똑같은 부탁을 하셨습니다.

마 6:25-27

그러므로 내가 너희에게 이르노니 목숨을 위하여 무엇을 먹을까 무엇을 마실까 몸을 위하여 무엇을 입을까 염려하지 말라(take a no thought for your life) 목숨이 음식보다 중하지 아니하며 몸이 의복보다 중하지 아니하냐 공중의 새를 보라 심지도 않고 거두지도 않고 창고에 모아들이지도 아니하되 너희 하늘 아버지께서 기르시나니 너희는 이것들보다 귀하지 아니하냐 너희 중에 누가 염려함으로 그 키를 한 자라도 더할 수 있겠느냐

"염려하지 말라(take no thought)"라는 구절은, 빌립보서 4장 6절에서 "조심하라(be careful)"라는 구절과 똑같이 헬라어 "메림나오(Merimnao)"를 번역한 것입니다. 주 예수께서는 그들에게 "너희 중에 누가 염려한다고 몇 년을 더 살거나 너희 키를 크게 할 수 있느냐?"라고 물으셨습니다. 주님은 그들에게 "너희가 염려한다고 더 나아지는 것이 아니다."라는 것을 알려주고 계십니다.

계속 읽어 봅시다.

마 6:28-32

공중의 새를 보라 심지도 않고 거두지도 않고 창고에 모아 들이지도 아니하되 너희 하늘 아버지께서 기르시나니 너희는 이것들보다 귀하지 아니하냐 너희 중에 누가 염려함으로 그 키를 한 자라도 더할 수 있겠느냐 또 너희가 어찌 의복을 위하여 염려하느냐 들의 백합화가 어떻게 자라는가 생각하여 보라 수고도 아니하고 길쌈도 아니하느니라 그러나 내가 너희에게 말하노니 솔로몬의 모든 영광으로도 입은 것이 이 꽃 하나만 같지 못하였느니라 오늘 있다가 내일 아궁이에 던져지는 들풀도 하나님이 이렇게 입히시거든 하물며 너희일까보냐 믿음이 작은 자들아 그러므로 염려하여 이르기를 무엇을 먹을까 무엇을 마실까 무엇을 입을까 하지 말라 이는 다 이방인들이 구하는 것이라 너희 하늘 아버지께서 이 모든 것이 너희에게 있어야 할 줄을 아시느니라

세상 사람들은 이런 것들에 관심을 가지고 추구합니다. 그들의 존재 목적은 무엇을 먹고, 마시고, 입고, 어떤 차를 운전하고, 어디에다 돈을 쓸까에 있습니다. 그들은 세상에서 행복할 수 있도록 단지 이런 것들을 소유하는 것에만 관심을 갖습니다. 그러나 주 예수님은 그들과 같아서는 안 된다고 하시며 그 이유를 말씀하십니다.

마 6:32

이는 다 이방인들이 구하는 것이라 너희 하늘 아버지께서
이 모든 것이 너희에게 있어야 할 줄을 아시느니라

다른 말로 하면, "이런 것들을 걱정하지 말아라. 왜냐하면 아버지께서는 너희에게 이런 것들이 필요하다는 것을 알고 계신다. 양식을 걱정하지 않아도(take no thought) 너희 하늘 아버지께서 계속해서 먹이시는 공중의 새와 같아져라."라는 것입니다.

> "생각한다"는 것은 관심을 가질 정도로 무엇인가에 마음을 집중한다는 말입니다.

그리고 다음 구절에서 주님은 우리가 무엇에 관심을 가져야 할지를 말씀하십니다.

마 6:33

그런즉 너희는 먼저 그의 나라와 그의 의를 구하라 그리하면 이 모든 것을 너희에게 더하시리라

당신은 무엇보다도 하나님의 왕국이 확립되는 것과 하나님의 의로우심이 당신의 세상에 나타나는 것에 가장 관심을 가져야 합니다. 당신의 편안함, 만족, 즐거움, 행복을 추구하는 데만

집중하지 말고, 하나님의 나라에 초점을 맞추십시오. 이것은 당신이 마땅히 끊임없이 숙고해야 하는 것입니다. "예루살렘(하나님의 왕국과 그분의 다스림에 대한 상징)을 네 마음에 떠올려라(Let Jerusalem come to your mind)"(렘 51:50) 하나님의 왕국의 영적인 것을 당신 마음에 가장 중요한 것으로 삼으십시오.

육신적으로 생각하지 말고 영적으로 생각하십시오

영적으로 생각하지 않고 늘 육신적으로만 생각하는 그리스도인들이 있습니다. 그들은 돈, 명성, 지위, 세상 연줄 같은 것들만 생각하고, 늘 다른 사람에게 인정받는 것에만 관심을 가집니다. T. L. 오스본은 사람들이 어떻게 생각할지에 관해서 관심을 가지는 사람은 그와 마지막으로 말한 사람의 노예라고 말했습니다. 얼마나 맞는 말인지요! 이들은 다른 사람을 기쁘게 하려는 부담감에 늘 눌려 삽니다. 다른 사람에게 잘 보이려고 노력하지 말고, 주님을 기쁘시게 해 드리려고 열망하십시오.

> 다른 사람들에게 인정받으려고 하지 말고 그리스도께 관심을 가지십시오.

그러므로 아무것도 염려하지 말고 모든 일에 기도와 간구로 원하는 것을 하나님께 알려 드리십시오. 당신이 원하는 것을 하나님께 말씀 드리십시오. 그분은 너무나 크신 분이므로 당신의 삶과 미래에 관하여 모든 것을 알고 계십니다. 이런 마음가짐을 가지면, 그 무엇도 걱정할 필요가 전혀 없음을 이해하게 됩니다. 주님을 찬양합니다!

영적인 원리와 보장된 결과

빌립보서 4장 6-7절에 권고하는 말이 있는데, 약속과 함께 있다는 것을 보기 바랍니다.

> 빌 4:6-7
> 아무것도 염려하지 말고 다만 모든 일에 기도와 간구로, 너희 구할 것을 감사함으로 하나님께 아뢰라 <u>그리하면 모든 지각에 뛰어난 하나님의 평강이 그리스도 예수 안에서 너희 마음과 생각을 지키시리라</u>

모든 이해를 초월하는 하나님의 평강이 당신의 영과 마음을 지켜줄 것이라고 말씀합니다. 이는 당신이 언제든지 적용하기만 하면 반드시 결과가 보장된 영적 원리입니다. 물리적인 중력의 법칙, 전기의 법칙, 기계 공학의 법칙, 자성의 법칙이 있듯이, 영적인 법칙도 있습니다. 당신이 영적인 법칙을 알고 그대로 행동한다면, 물리적 법칙이 확실한 것처럼 영적인 법칙도 결과를 낼 것입니다.

염려하지 말고, 감사함으로 기도와 간구로 너희 구할 것을 주님께 말씀 드리라는 원리가 여기 있고, 그 결과는 하나님의 평강이 당신의 영과 마음을 보호해 준다는 것입니다.

하나님의 말씀은 하나님의 지혜입니다. 하나님의 지혜가 언어라는 옷을 입은 것이 그분의 말씀입니다. 하나님의 말씀을 생각함으로써 하나님의 생각을 하는 법을 배우게 되면, 당신은 저절로 초자연적인 삶을 살게 됩니다. 이제 당신은 예수님께서 왜 "염려하지 말라"고 하셨는지 이해할 수 있을 것입니다. 무슨 일이 일어나든지 당신이 적용할 수 있는 영적인 법칙이 있습니다. 어려운 일이 닥쳐서 마음으로 압박을 느낄 때 당신은 이렇게 말합니다. "아니야, 나는 예수 이름으로 염려하거나 걱정하지 않을 거야! 나는 성공하는 자임을 고백하고 선언한다! 하나님께 영광 드립니다!"

염려 없이 평강으로 가득한 영과 마음은 당신의 마음을 하나님의 말씀대로 관리하는 데 커다란 유익을 줍니다.

태도 – 당신의 정신적 성향

앞서 우리는 "마음(the mind)", "생각(thought), "뇌(the brain)"를 정의하였으며, 뇌에 대하여 논하면서 뇌가 개인에게 성품을 부여하는 마음과 어떻게 작용하는지를 강조했습니다.

나는 당신이 지금까지 유익한 것을 배웠으리라고 믿습니다.

이제 마음의 정의에 있어서 또 하나의 중요한 단어인 "태도(attitude)"에 대해 살펴보겠습니다.

마음은 사람이 추론하고 생각하는 능력임을 기억하십시오. 마음은 상상, 인식, 이해하는 능력을 가지고 있으며, 느낌과 감정을 처리하기 때문에 태도를 결정하는 데 책임이 있습니다.

우리는 느낌과 감정을 처리하는 과정에 대해 말했습니다. 이제는 그 처리의 결과인 태도에 관해서 살펴보겠습니다.

태도는 느낌, 감정, 신념, 추론을 정신적으로 처리함으로써 결정된 방법으로 행동하는 경향입니다.

이는 당신이 행동하고, 자세를 취하고, 걷고, 말하고, 반응하는 방식, 즉 태도에 대하여 책임이 있다는 말입니다.

사람의 정보 처리 센터

당신은 마음이 사람의 정보 처리 센터라는 것을 이해했을 것입니다. 우리는 뇌에 대한 정의를 감각적 자극을 받아들이고 해석하여 몸의 기관과 근육에 정보를 전달함으로 신체의 행동을 조절하고 통제하는 일을 하는 주된 본부라고 했습니다.

마음을 더 깊이 있게 공부하기 위해서는 뇌에 대한 이 정의를 꼭 기억하십시오. 뇌는 육체적인 것을, 마음은 영적인 것을 다룬다는 것을 제외하고는 둘이 매우 비슷하다는 것을 발견하게 될 것입니다.

마음은 사람의 정보 처리 본부입니다. 마음은 겉사람의 신경 조직을 통하여 받아들인 모든 정보와 속사람(사람의 영과 혼)의 영적 감각을 통하여 받아들인 모든 정보를 수집하고 처리합니다. 마음이 처리하여 얻은 정보의 해석이 사람의 행동이나 태도를 결정합니다.

그래서 당신의 태도는 긍정적이거나 부정적입니다. 이 모든 것은 당신의 마음으로부터 나오며, 당신이 받은 정보를 어떻게 처리하는가에 달렸습니다.

어떻게 정보가 왔는지에 대해서는 당신에게 책임이 없을 수도 있지만, 그 정보를 가지고 어떻게 하였는지, 즉 정보를 어떻게 처리하고 어떤 행동을 하였는지는 분명히 당신의 책임입니다. 바로 이것이 중요합니다.

당신에게 온 정보를 당신은 어떻게 처리합니까? 오늘날 우리가 이야기하는 원유, 금, 다이아몬드, 모든 값진 지하 광물, 그 모든 아름다운 것들은 모두 어떤 것을 처리하고 가공하여 얻은 것입니다. 그렇지만 원유, 금, 다이아몬드 위를 걷고 있으면서도 아무것도 얻어내지 못하는 나라가 있다는 것을 알고 있습니까? 왜냐하면 그것들을 어떻게 캐내고 처리하고 가공하는지 모르기 때문입니다.

> 어떻게 정보가 왔는지에 대해서는 당신에게 책임이 없을 수도 있지만, 그 정보를 가지고 어떻게 하였는지는 분명히 당신의 책임입니다.

마음도 마찬가지입니다. 속사람 안에 있는 풍부한 자원을 캐내고 생각을 처리할 줄 모른다면, 당신은 그것들로부터 아무것도 얻지 못할 것이며 이는 곧 당신의 삶에 그대로 나타날 것입니다. 마음을 부지런히 관리함으로써 당신의 영으로부터 가장 좋은 것들만을 선택하겠다는 매우 중요한 결단을 해야만 합니다.

신나는 한 가지 사실

마음에 대한 신나는 사실은 마음의 내용과 처리를 관리할 수 있다는 것입니다. 이것은 마음을 재조직하고 재프로그램할 수 있다는 말입니다.

거듭났을 때 당신은 하나님을 따라 당신 안에 하나님과 똑같은 생명과 본성을 가지고 태어났습니다. 즉 당신은 탁월한 영을 가지고 있다는 뜻입니다. "주와 합하는 자는 한 영이니라"(고전 6:17) 그렇지만 탁월한 영을 가졌다고 해서 곧 당신이 탁월하게 사는 것은 아닙니다. 그러나 당신은 탁월하게 살 수 있으며, 이것이 바로 이 책이 담고 있는 메시지입니다.

영의 가장 좋고 가장 탁월한 것들은 마음을 통하여 표현됩니다. 이와 관련된 성경 말씀을 보겠습니다.

잠언 4장 23절은 이렇게 말씀합니다.

잠 4:23
모든 지킬 만한 것 중에 더욱 네 마음(heart;심령)을 지키라
생명의 근원이 이에서 남이니라

같은 구절을 신국제 역 성경은 이렇게 표현합니다.

무엇보다도 네 마음을 지키라, 네 마음은 생명의 샘물이기 때문이다(역자직역)
Above all else, guard your heart, for it is the wellspring of life.(NIV)

당신이 가진 모든 것을 가지고 무엇보다도 부지런히 당신의 심령(heart)을 지키고 유지하십시오. 왜냐하면 당신의 심령이 생명의 샘물이기 때문입니다.

마음은 심령(heart)으로 들어가는 문이라는 것을 기억하십시오. 그러므로 심령을 지키려면, 마음보다는 심령에서 시작

> 마음에 대한 신나는 사실은 당신이 마음의 내용과 처리를 관리할 수 있다는 것입니다.

하는 것이 더 낫습니다! 그래서 성경은 위 구절에서 이렇게 말씀하는 것입니다. "당신의 마음과 생각과 생각하는 과정에 보초를 세우십시오."

이어서 24-25절은 이렇게 말합니다.

잠 4:24-25
구부러진 말을 네 입에서 버리며 비뚤어진 말을 네 입술에서 멀리 하라 네 눈은 바로 보며 네 눈꺼풀은 네 앞을 곧게 살펴

여기서 "구부러진 말"은 왜곡된 말을 가리킵니다. 다른 말로 하면, 당신의 이야기나 말을 바른 것에서 벗어나게 하지 말고, 눈으로 바로 보라는 것입니다.

당신의 삶, 즉 당신의 일, 가정, 결혼, 자녀, 재물 등에 관하여 하나님께서 주신 말씀의 방향을 잃지 마십시오. 하나님의 말씀에서 벗어난 말이나 잘못된 말을 하지 마십시오. 이것이 "벗어나기를 거절하라!"고 한 솔로몬의 말의 의미입니다.

영 안에 있는 가장 좋은 것들이 마음을 통하여 표현된다는 것이 얼마나 놀랍습니까!

마음을 새롭게 하기

하나님을 영화롭게 하기 위해 당신의 마음을 준비할 때 가장 우선적이고 중요한 일은 마음을 새롭게 하는 것입니다. 이것이 마음을 바로 사용하기 위해 제일 먼저 해야 할 일입니다.

로마서 12장 2절은 이렇게 말합니다.

롬 12:2
너희는 이 세대를 본받지 말고[세상의 외적, 표면적인 관습들을 따라하거나 순응하지 말고] 오직 [온]마음[마음의 새로운 이상과 새로운 태도]을 새롭게 함으로 변화를 받아

[바뀌어서] 하나님의[하나님이 보시기에 너희에게] 선하시고 기뻐하시고 온전하신 뜻이 무엇인지 분별하도록[스스로 증명하도록] 하라

And do not be conformed to this world [any longer with its superficial values and customs], but be [c]transformed and progressively changed [as you mature spiritually] by the renewing of your mind [focusing on godly values and ethical attitudes], so that you may prove [for yourselves] what the will of God is, that which is good and acceptable and perfect [in His plan and purpose for you].(AMP)

당신은 마음 전체를 새롭게 함으로써 새로운 이상과 태도를 가져야 합니다. 마음의 어떤 부분만 바꾸는 것이 아니라, 마음 전체를 완전히 바꾸는 것입니다. 이것은 하룻밤에 할 수 있는 일이 아니고 의식적으로 끊임없이 해야 하는 것입니다. 고린도후서 4장 16절에서 바울은 그의 속사람이 끊임없이 "매일 새로워진다"고 말했습니다. 당신에게도 똑같은 일이 일어나야 합니다. 당신의 속사람은 매일 바뀌고, 변화되고, 새롭게 되어야 합니다.

마음의 내용과 처리 과정을 재조직하고 재프로그램할 수

있다는 것은 신나는 일입니다. 바로 이것이 여기서 바울이 마음을 새롭게 하라고 말하는 것입니다.

당신의 마음은 내용과 처리 과정이 새롭게 되어야 합니다. 이는 수고스럽지만 가치 있는 작업이며, 이를 효과적으로 이룰 수 있는 유일한 도구는 하나님의 말씀입니다.

이제 다른 두 성경 구절도 보겠습니다.

1) 골로새서 3:9-10

> 너희가 서로 거짓말을 하지 말라 옛 사람과 그 행위를 벗어 버리고 새 사람을 입었으니 이는 자기를 창조하신 이의 형상을 따라 지식에까지 새롭게 하심을 입은 자니라

이 구절은 마음의 내용을 새롭게 하는 것에 관하여 말합니다. 당신의 마음은 어떤 주제에서든, 기존의 감각 지식이나 세상적 지혜를 교체하는 새로운 지식을 받아들여야 합니다. 이 새로운 지식은 성령의 "에피그노시스(epignosis)", 즉 하나님의 새 지식입니다.

새로운 지식을 추구하고 받아들이십시오. 하나님의 말씀과 성령님의 중재를 통하여 영적인 진리를 배우십시오. 하나님의 말씀이 모든 지혜와 영적인 이해로 당신 안에 풍성히 머물게 하십시오.

앞서 언급한 두 개의 요소를 살펴보십시오.
- 옛 정보를 제거하고, 버리거나 지워버리는 것
- 하나님의 말씀과 성령을 통하여 새로운 정보와 지식을 받아들이는 것

2) 에베소서 4:21-23

진리가 예수 안에 있는 것 같이 너희가 참으로 그에게서 듣고 또한 그 안에서 가르침을 받았을진대 너희는 유혹의 욕심을 따라 썩어져 가는 구습을 따르는 옛 사람을 벗어 버리고 오직 너희의 심령(the spirit of your mind)이 새롭게 되어

"마음의 영(the spirit of your mind)"이 새롭게 된다는 것은 마음의 "성품이나 태도"가 새롭게 된다는 것을 일컫습니다.

같은 구절을 확대 역으로 보겠습니다. "신선한 정신과 영적인 태도를 가지고 당신의 마음의 영을 끊임없이 새롭게 하십시오(be constantly renewed in the spirit of your mind [having a fresh mental and spiritual attitude])"

신국제 역은 이렇게 번역하였습니다. "당신의 영의 태도를 새롭게 하십시오(be made new in the attitude of your mind)"

이 말은 모든 것을 바라보는 새로운 방법, 새로운 관점,

새로운 처리 과정이 있다는 의미입니다. 당신의 태도는 당신의 느낌과 감정의 정신적 처리 과정에 의해 결정된다는 것을 기억하십시오. 그러므로 새로운 태도를 가지기 원한다면, 생각과 느낌과 감정을 하나님의 말씀과 성령을 통하여 새로운 방식으로 처리해야 합니다. 하나님의 관점에서 보기 시작해야 합니다. 그렇게 하면 새롭게 생각을 처리하는 만큼 당신의 태도는 바뀔 것입니다.

먼저 안으로부터 보십시오

 삶에서 무엇을 이루기 원하든지 당신은 먼저 안으로부터, 즉 마음으로부터 원하는 것을 보고 소유해야 합니다. 예를 들어 만약 고득점을 하는 축구 선수가 되고 싶다면, 당신은 먼저 공을 가지고 상대편 수비수를 향하여 드리블하는 모습을 그려야 합니다. 상대의 골대를 향하여 나아가며, 골키퍼를 꺾고 점수를 얻는 모습을 보아야 합니다. 공을 차 넣기 전에 그 모습을

> 인생에서 원하는 것에 대한 바른 그림을 항상 마음에 품으십시오.

마음으로 보고, 꿈꾸고, 곰곰이 생각하지 않는다면 탁월하기는 어려울 것입니다.

 마찬가지로, 당신이 변호사라면 법정에서 판사와 다른 변호사와 변론할 때, 법정 전체가 당신의 변호를 듣고 보면서 홀린 듯이 매료된 모습을 보아야 합니다. 법정에 들어가기도

전에, 반박할 여지가 없는 논증을 하고 있는 자신의 모습을 보고 들어야 합니다. 이 모든 것은 마음의 영상으로부터 시작합니다!

그리스도인이 자신을 위해 할 수 있는 아름다운 일 중 하나는 인생에서 원하는 것에 대한 바른 그림을 마음에 항상 품는 것입니다. 이렇게 하면 당신의 믿음의 눈이 현재 바라볼 수 있는 한계를 너머 보도록 활성화되어 하나님께서 당신을 위해 이 세상에 예비해 놓으신 너무나 좋은 것을 스스로 누리며 사는 모습을 그려볼 수 있게 됩니다.

하나님께서는 우리가 근근히 살아가는 평균적인 삶을 살거나 고통 받도록 만들지 않으셨습니다. 하나님은 우리를 삶의 모든 영역에서 탁월하고 번영하도록 만드셨습니다. 그렇지만 당신이 풍요롭고 완전한 건강과 승리와 성공 가운데 사는 자신의 모습을 보기 시작할 때까지는 이런 삶을 경험하기 어려울 것입니다. 당신은 하나님의 꿈의 영역에서 살고 있는 자신을 먼저 보아야만 합니다.

당신의 미래는 하나님께는 역사입니다

롬 4:17

기록된 바 내가 너(아브라함)를 많은 민족의 조상으로 세웠다

하심과 같으니 그가 믿은 바 하나님은 죽은 자를 살리시며 없는 것을 있는 것으로 부르시는 이시니라

하나님께서 아브라함에게 이렇게 말씀하셨던 것을 기억하십시오. "이제 후로는 네 이름을 아브람이라 하지 아니하고 아브라함이라 하리니 이는 내가 너를 여러 민족의 아버지가 되게 함이니라"(창 17:5) 그렇지만 그때 아브라함에게는 자녀도 없었으며, 그는 늙었고 그의 아내는 불임이었기 때문에 자연적으로 그 말씀은 불가능했습니다. 하나님께서 그에게 "내가 너를 여러 민족의 아버지가 되게 하였다"고 하셨을 때, 하나님은 없는 것을 있는 것같이 부르고 계셨습니다. 다른 말로 하면, 아브라함의 미래가 하나님의 마음에서는 역사였습니다!

하나님은 아브라함의 새로운 정체성을 반영하고 그의 삶의 비전에 일치하도록 그의 이름을 아브라함으로 바꾸셨는데, 하나님께는 그것이 이루어진 결론이었습니다. 하나님은 이 일이 일어나도록 하기 위해서 아무것도 더 하실 필요가 없었습니다. 자신의 삶을 향한 하나님의 아이디어와 계획을 발견하고 마음을 일치시켜야 할 사람은 아브라함이었습니다.

아브라함은 새 이름을 받아들이고 자신을 "아브라함 – 여러 민족의 아버지"라고 소개하기 시작했습니다. 그렇지만 여전히 남아있는 의문은 "그런데 자녀들은 어디에 있는가"하는 것이

었습니다. 아브라함은 어떻게 자신의 삶을 향한 하나님의 비전과 연결하여서 하나님께서 주신 것을 붙잡을 수 있을까요?

우리 주님은 얼마나 친절하고 은혜로운 분이신지요! 그에게 가르쳐 줄 수 있는 사람이 없었기에 하나님은 아브라함이 비전과 연결되는 것에 어려움이 있을 것을 아시고, 긍휼을 베푸셔서 그에게 믿음과 상상하는 능력을 사용하는 법을 가르쳐 주셨습니다.

마음의 눈으로 보십시오

창세기 15장 14-15절에서 주님은 아브라함에게 그의 마음(상상력)의 능력에 관한 강력한 원리를 가르쳐 주셨습니다.

> 창 13:14-15
> 너는 눈을 들어 너 있는 곳에서 북쪽과 남쪽 그리고 동쪽과 서쪽을 바라보라 보이는 땅을 내가 너와 네 자손에게 주리니 영원히 이르리라

이 말씀을 매우 자세히 보고 여기서 하나님께서 아브라함에게 가르치는 바를 배우십시오. 하나님은 아브라함에게 이렇게 말씀하셨습니다. "너 있는 곳에서 북쪽과 남쪽 그리고 동쪽과

서쪽을 바라보라 보이는 땅을 내가 너와 네 자손에게 주리니 영원히 이르리라!"

하나님은 아브라함에게 육체의 눈으로 보는 유한한 광경이 아니라, 마음의 눈이 볼 수 있는 무한한 것을 보라고 말씀하십니다. 그래서 하나님은 그에게 한 곳에서 온 땅을 보라고 말씀하셨습니다. 하나님께서 다음에 하신 말씀을 읽어보면 이는 더욱 분명해집니다.

> 창 13:17
> 너는 일어나 그 땅을 종과 횡으로 두루 다녀 보라 내가 그것을 네게 주리라

정말 놀랍습니다! 하나님께서는 아브라함에게 그가 한 곳에 서서 북쪽을 향하여, 남쪽을 향하여, 동쪽을 향하여, 서쪽을 향하여 볼 수 있는 모든 땅이 영원히 그와 그의 자손의 것이 될 것이라고 말씀하셨습니다. 그런 후에 그에게 일어나 그가 볼 수 있었던 모든 땅을 종과 횡으로 걸어보라고 말씀하십니다!

아브라함이 육체의 눈으로 볼 수 있었던 모든 땅이 펼쳐진 것을 보았다고 가정해 봅시다. 이제 하나님께서는 그 모든 땅의 가로와 세로를 걸어보라고 그에게 말씀하십니다. 실제로 이렇게 하는 것은 불가능했을 것입니다.

하나님께서 아브라함에게 말씀하시고자 했던 것은 이것이었습니다. "아들아, 너의 마음으로 보아라." 어떻게 되었을까요? 아브라함은 온 세상을 보고 남김없이 소유했습니다!

로마서 4장 13절을 읽으면 당신은 이를 보게 될 것입니다.

> 롬 4:13
> 아브라함이나 그 후손에게 세상의 상속자가 되리라고 하신 언약은 율법으로 말미암은 것이 아니요 오직 믿음의 의로 말미암은 것이니라

하나님이 아브라함에게 네가 본 모든 것을 너에게 주겠다고 약속하신 것을 보셨습니까? 아브라함은 온 세상을 보았고, 하나님은 약속대로 온 세상을 그에게 주었습니다. 이렇게 아브라함은 온 세상을 상속받았습니다!

그렇지만 하나님은 아브라함에게 어떻게 마음의 능력을 사용하여 상속받을 수 있는지를 보여 주셔야 했습니다.

마음을 사용하여 비전을 도우십시오

아브라함이 자신을 향한 하나님의 비전인 "여러 민족의 아버지"와 자신을 어떻게 연결시켰는가 하는 질문으로 돌아가

보겠습니다. 창세기 13장 14-17절에서 하나님께서 아브라함이 어떻게 마음을 사용하여 자신이 원하는 것을 그려보는지

> 마음을 사용하여 더 분명한 비전을 볼 수 있게 하는 것이 중요합니다.

가르치셨던 것을 기억하십시오. 그렇지만 후손을 가지게 되는 문제에 있어서는 아브라함은 볼 수가 없었던 것 같습니다.

하나님은 이전에 이미 그에게 말씀하셨습니다. "내가 네 자손이 땅의 티끌 같게 하리니 사람이 땅의 티끌을 능히 셀 수 있을진대 네 자손도 세리라"(창 13:16) 그럼에도 불구하고 아브라함은 비전을 붙잡지 못하고 특별한 예언으로부터 그림을 보지 못했습니다. 하나님은 아브라함이 볼 수 있도록 도움이 필요하다는 것을 아시고, 마므레 들판의 한 시원한 밤에 그로 하여금 천막 밖으로 나와서 하늘을 쳐다보고 별을 세어보게 하셨습니다. 아브라함은 하늘을 쳐다보고 별을 세기 시작했지만 너무 많아서 다 셀 수 없었습니다.

그때 하나님께서 그에게 "네 자손이 이와 같을 것이다"라고 말씀하셨고, 깨닫는 순간 아브라함이 이를 믿었다고 성경은 말하고 있습니다. 마음으로 그림을 그릴 수 있게 되었기 때문에 그는 믿었으며, 그 밤 하늘에 반짝이는 별들 안에서 문자 그대로 작은 얼굴들을 볼 수 있었습니다.

하나님은 하늘의 별을 쳐다보게 하고 셀 수 있나 보라고 말씀

하심으로써 아브라함이 볼 수 있도록 도와주었습니다. 당신도 마음을 사용하여 더 분명한 비전을 볼 수 있게 하는 것이 중요합니다. 당신의 비전을 증진시키거나 강하게 해 주는 것에 마음을 집중함으로써 비전을 분명하게 할 수 있습니다.

비전의 세 영역

당신은 비전의 세 채널을 가지고 있습니다.
1. **영의 눈**
2. **몸의 눈**
3. **마음의 눈**

1. 영의 눈

영의 눈으로 보는 것은 우리가 아니라 하나님이 주관하십니다. 당신은 "나는 지금 영의 세계의 것을 보고 싶다."라고 말할 수 없습니다. 왜냐하면 영의 세계를 보는 것은 하나님이 하시는 일이기 때문입니다. 당신의 영에 어떤 것이 나타나게 하거나 영의 눈을 열어서 영적인 세계를 볼 수 있게 하는 것은 하나님께 달렸습니다.

하나님께서 당신을 이 땅에 두셨을 때, 그분은 당신의 영이 겉사람인 몸을 통해 기능하도록 만드셨습니다. 여기 이 땅에 있는 동안에는 몸 없이 영으로 기능하도록 선택할 수 없습니다. 이것은 이 땅에서는 불법입니다.

당신의 영으로부터 직접 행한 모든 것은 성령님을 통해 한 것이며, 성령님은 몸이 아닌 영의 영역에서 자신을 당신에게 나타내시고 당신을 다루십니다. 이 말은 영의 눈으로는 하나님께서 보여 주시는 것만 볼 수 있으며, 당신 스스로는 볼 수 없다는 말입니다. 그래서 당신이 늘 보고 싶어 하던 것을 볼 수 없었던 것입니다. 당신 마음대로 영의 눈을 뜨고 볼 수 없기 때문입니다.

엡 1:17-18
우리 주 예수 그리스도의 하나님, 영광의 아버지께서 지혜와 계시의 영을 너희에게 주사 하나님을 알게 하시고 너희 마음의 눈을 밝히사 그의 부르심의 소망이 무엇이며 성도 안에서 그 기업의 영광의 풍성함이 무엇이며

당신은 또한 확대 역 성경이 사도행전 2장 17절에서 환상(visions)을 "하나님이 허락하신 나타남(divinely granted appearance)"이라고 한 것을 볼 수 있습니다. 그렇지만 당신은 다른 두 쌍의 눈들은 마음대로 사용할 수 있습니다. 하나님이 당신 마음대로 사용하도록 이 눈들을 주셨으니 그것들을 언제 어떻게 사용할지는 당신에게 달렸습니다.

2. 몸의 눈

몸의 눈은 머리에 붙어 있는 육체의 눈입니다. 당신은 언제든지 원하는 대로 이 눈을 사용할 수 있습니다. 그냥 눈을 뜨고 주변을 살펴보면 됩니다.

그러나 이 눈으로 볼 수 있는 시야와 시력에는 한계가 있습니다. 이 눈으로는 물질적 세계에 이미 존재하는 것만 볼 수 있지, 보이지 않는 존재는 볼 수 없습니다. 그래서 마음의 눈이 중요한 것입니다.

3. 마음의 눈

마음의 눈은 창조적인 눈입니다. 정신적인 영역에서 우리는 보기 원하는 것을 창조할 수 있습니다. 육체적 눈은 물질적인 세계에 이미 존재하는 것을 볼 수 있을 뿐, 어떤 것을 만들어 낼 수는 없습니다. 그렇지만 마음의 눈은 당신이 물리적 세계에서 보기 원하는 것을 생산해 낼 수 있습니다.

나의 책 『당신의 인생을 재창조하라』믿음의말씀사, 2009에서 나는 상상력이 곧 창조적인 능력이라고 주장했습니다. 하나님께서는 우리가 살고 싶은 세상을 창조하도록 우리를 도와주는 특별한 선물로서 상상할 수 있는 능력을 주셨습니다. 현재 삶이 마음에 들지 않으면 당신은 바꿀 수 있습니다. 하나님께서는 당신에게 도구(마음)를 주심으로써 변화시킬 수 있는 능력을 주셨습니다.

이 능력은 하나님께서 주신 천부적인 것입니다. 마음으로 당신은 당신이 보기 원하는 것을 선택할 수 있습니다. 물질적인 세계에 존재하는 것만 보는 것은 낮은 수준에서 사는 것이며, 슬프게도 대부분의 사람이 이 수준에서 살고 있습니다. 거듭난 당신은 하나님이 주신 본성을 가졌으며, 하나님은 당신이 눈을 들어 보이지 않는 것을 보기를 원하십니다.

12. 낮은 소리로 읊조리기 – 창조의 시간

마음으로부터 이끌어 내기

 마음의 눈으로 보았거나 그리는 것을 이끌어 내는 방법에 대하여 말해 봅시다. 창조는 단순히 어떤 것을 상상하는 것만으로 이루어지지 않습니다. 당신이 보았으면, 본 것을 창조하고(create) 만들어야 합니다(form).

 그러면 하나님으로부터 실마리를 찾아 봅시다. 성경은 이렇게 말씀합니다.

> 창 1:26-27
> 하나님이 이르시되 우리의 형상을 따라 우리의 모양대로 우리가 사람을 만들고 그들로 바다의 물고기와 하늘의 새와 가축과 온 땅과 땅에 기는 모든 것을 다스리게 하자 하시고

하나님이 자기 형상 곧 하나님의 형상대로 사람을 창조하시되 남자와 여자를 창조하시고

창 2:7
여호와 하나님이 땅의 흙으로 사람을 지으시고 생기를 그 코에 불어넣으시니 사람이 생령이 되니라

여기서 하나님께서 하신 일을 이해하십시오. 먼저 하나님은 창세기 1장 26-27절에서 자신 안에서 사람을 창조하시고 난 후, 안에서 창조하신(created) 것을 따라서 창세기 2장 7절에서 땅의 흙으로 사람을 만드셨습니다(formed).

제 생각에는 이 과정에 시간이 좀 걸렸을 것 같습니다. "그렇지만 하나님은 여섯째 날에 사람을 만드셨습니다."라고 당신은 말할 것입니다. 그렇습니다만 주님께는 하루가 천 년 같고 천 년이 단 하루 같다는 말씀(벧후 3:8)을 잊지 마십시오. 왜냐하면 하나님은 영원 안에 사시기 때문입니다. 그래서 하나님은 – 자기의 형상을 따라 자기의 모양대로 – 사람이라 이름 지으신 탁월한 존재를 창조하고 만드셨습니다.

지금 당신은 이끌어 내고 싶은 이미지나 비전을 가지고 있습니다. 당신의 상상력은 창조적인 능력이므로 당신이 상상할 수 있는 것은 무엇이든지 창조할 수 있다는 것을 기억하십시오.

그러므로 상상하는 것은 중요하며, 당신이 스스로 상상하는 법을 배워야 합니다.

그러나 많은 사람이 비전에 관하여 오해하고 있습니다. 그들 자신이 비전을 창조해야 하는데도 하나님께서 주시기를 기다리고 있습니다. 당신이 아무런 영향을 끼칠 수 없는 영 안에서 하나님이 보여 주시는 비전도 있고(영의 눈을 기억하십시오), 당신이 마음으로 창조해야 하는 비전도 있습니다. 하나님께서 무엇에 관해서든지 어떤 말씀을 주시면, 당신은 그것을 생산할 권리가 있으며, 그것을 창조하는 것은 당신의 마음에서 시작됩니다.

혼자 있는 시간

당신이 마음으로 일할 사적인 시간을 가지는 것은 너무나 중요합니다. 나는 이런 시간을 "창조의 시간(moments of creation)"이라고 부릅니다. 우리에게 상처를 준 사람에게 어떻게 되갚아 줄 것인가를 상상하는 것이 아니라, 마음으로 창조하는 그런 혼자만의 시간이 우리에게는 얼마나 필요한지요. 어떤 사람은 혼자 있는 시간에 이런 기분 나빴던 장면들을 떠올리고는 자신의 삶에 온갖 나쁜 것만 만들어냅니다. 그러고는 돌아서서 도대체 문제가 어디서 자꾸 발생하는지 의아해 합니다.

당신은 원하는 것을 창조하며 혼자 있는 시간을 보내야 합니다. 부정적인 그림이 마음에 떠오르면 중지시키고 바른 그림으로 바꿔야 합니다.

낮은 소리로 읊조리는 참된 묵상은 창조하는 것입니다

약속의 아들 이삭은 아버지 아브라함에게서 무엇인가를 배웠습니다. 성경은 이삭을 묵상하는 아주 영적인 사람으로 묘사하고 있습니다. 한번은 아브라함이 수석 청지기에게 이삭의 아내 될 사람을 찾아오라고 부탁했는데, 그가 이삭의 아내를 데리고 돌아와 보니, 이삭은 묵상하고 있었다고 말합니다(창 24:63-64). 이삭은 묵상하는 시간이 창조의 시간인 것을 알고, 묵상의 능력을 배웠습니다.

그러나 참된 묵상이 창조하는 시간임을 알고 그것을 이용해 창조하는 사람은 별로 많지 않습니다.

일반적인 의미로, "묵상한다(to meditate)"는 말은 '생각을 집중하다(to focus one's thoughts on); 회상하거나 곰곰이 생각해 보다(reflect on or ponder over), 마음으로 계획하거나 궁리하다(to plan or project in the mind)'라는 의미를 가지고 있습니다.

> 묵상하는 시간은 창조하는 시간입니다.

그러나 성경(수 1:8)에서 "묵상(meditate)"이라고 번역된 단어는 히브리어로 "하가(hagar)"입니다. 이 단어의 뜻은 '곰곰이 생각하다(ponder), 중얼거리다(mutter), 포효하다(roar)' 입니다. 이는 묵상에는 세 단계 혹은 세 수준이 있음을 보여 줍니다. 묵상한다는 것은 어떤 것을 곰곰이 생각하거나(ponder), 생각에 잠기거나(ruminate), 회상하는 것(reflect) 뿐만 아니라, 생각하는 것을 낮은 소리로 중얼거리고(mutter), 말하며, 스스로 외치는 것도 가리킵니다. 다른 말로 하면, 마음으로 집중하고 있는 바를 말하는 것입니다. 이렇게 할 때 당신은 자신의 전체 시스템으로 하여금 어떤 진리를 받아들이도록 하고 있는 것입니다.

우리는 하나님께서 아버지 아브라함에게 가르쳐 주었던 것을 아들 이삭도 배웠음을 볼 수 있습니다. 이삭은 묵상하는 시간에 그의 마음으로 무엇을 할지를 알았습니다. 경제 상황이 악화되어 모두가 그랄에서 떠나 이집트로 갈 때, 주님은 그가 묵상하는 시간에 나타나셔서 "다른 사람들처럼 짐을 싸서 도망가지 말고 이 땅에 머물러 있으면, 내가 모든 것을 네게 주겠다."라고 말씀하셨습니다(창 26:2-3).

> 원하는 것을 창조하는 혼자만의 시간을 가지십시오. 그 때 부정적인 그림이 마음에 떠오르면 중지시키고 바른 그림으로 바꿔야 합니다.

그 땅에 심한 가뭄이 있어도 이삭은 머물러 있었으며, 그가 땅을 파는 곳마다 샘물이 솟았습니다. 다른 사람들의 작물은 안 되어도 이삭의 농사는 잘 되었습니다(창 26:12-25). 성경은 그가 형통하였으며 계속 번성하여서 마침내 블레셋 사람이 부러워하도록 그 땅에서 대단하고 유명한 사람이 되었다고 말합니다(창 26:12-14). 그는 대단히 부요한 사람이었으며, 하나님의 약속을 낮은 소리로 읊조리는 묵상을 통해 부를 창조했습니다.

야곱의 창조적인 상상

야곱도 똑같은 것을 아버지 이삭으로부터 배웠습니다. 그는 묵상의 능력과 마음의 능력을 사용하여서 원하는 것을 어떻게 창조하는지를 발견하였습니다. 이것이 그가 오랫동안 삼촌 라반 밑에서 많은 고통을 받았음에도 불구하고 그 땅에서 매우 부요한 자가 되어 나올 수 있었던 이유였습니다.

야곱이 어떻게 이렇게 할 수 있었는지 보기 전에, 이 놀라운 이야기의 배경을 살펴봅시다. 그는 라반의 작은딸 라헬을 사랑하여 그녀와 결혼하고 싶어 했습니다. 라반은 좋다고 허락하면서 대신 칠 년 동안 자신을 위해 일해야 한다고 했습니다. 야곱이 칠 년을 섬기고 나자, 끝에 가서 라반은 약속을 어기고 라헬 대신 큰딸 레아와 결혼을 하도록 속였습니다.

야곱이 라헬을 너무나도 원한다는 것을 알고 라반은 이 사실을 이용했던 것입니다. 그는 야곱에게 또 다른 제안을 하였습니다. "칠 년을 더 일하면 라헬을 주겠다"(창 29:27) 야곱은 그의 말대로 또 칠 년을, 도합 십사 년을 일하여 마침내 라헬을 아내로 맞을 수 있었습니다.

야곱은 열 번이나 봉급을 올려주기는커녕 깎아버리는 라반을 계속해서 섬겼습니다! 정말 라반은 야비하고 부정직한 주인이었습니다! 그러던 어느 날 야곱은 라반에게 가서 이렇게 말했습니다. "삼촌, 이제 저도 떠날 때가 되었습니다. 내 아내들은 아이를 낳고 가족은 더 커지고 있습니다. 우리가 삼촌에게 거추장스럽게 되기 전에 이제 여기를 떠나는 것이 좋을 것 같습니다."

라반의 대답을 들어 보십시오. "여호와께서 너로 말미암아 내게 복 주신 줄을 내가 깨달았노니 네가 나를 사랑스럽게 여기거든 그대로 있으라 또 이르되 네 품삯을 정하라 내가 그것을 주리라"(창 30:27-28)

야곱은 그렇게 하기로 하고 좀 더 머무르면서 라반을 섬겼는데, 이번에는 라반이 야곱에게 말했습니다. "네가 원하는 것을 봉급으로 주겠다." 그러나 야곱은 연막전술을 꿰뚫어 보았습니다. 품값을 열 번이나 속였던 사람이 이제는 품값을 나보고

정하라고 하다니. 그는 라반의 거짓말에 질렸기 때문에 이렇게 대답했습니다. "외삼촌께서 내게 아무것도 주시지 않아도 나를 위하여 이 일을 행하시면 내가 다시 외삼촌의 양 떼를 먹이고 지키리이다"(창 30:31)

야곱은 이렇게 요구하였고, 여기서 우리는 야곱의 창조적인 마음이 역사하는 것을 볼 수 있습니다. 라반과 그의 아들들은 가축 떼 가운데서 점 있는 것이나 줄무늬 있는 것은 가져가고, 오직 단색의 가축만 남겨 두도록 하였습니다. 그 남겨둔 가축이 점이 있거나 줄무늬가 있는 새끼를 낳으면 그것은 라반의 가축을 친 야곱의 품값으로 야곱의 것이 되었습니다.

야곱과 라반 모두 이런 일이 일어날 확률은 매우 낮다는 것을 알았습니다. 그러나 정직하지 않은 주인인 라반은 이 거래가 매우 마음에 들었습니다. 그는 더는 야곱을 속일 필요가 없었으며 이 불합리한 계약으로 자신이 야곱을 속였다고 믿었습니다.

라반과 아들들은 재빨리 야곱에게는 단색의 가축만 남겨두고, 점이 있고 줄무늬가 있는 가축은 야곱으로부터 사흘 길이 되도록 멀리 떼어 놓았습니다. 이제 그들은 어떻게 야곱이 가축 떼를 소유하게 되고 가족을 부양하는지 보게 되었습니다. 야곱이 어떻게 하였는지 봅시다.

어떻게 야곱은 상상력으로 창조를 하였는가

창 30:37-38
야곱이 버드나무와 살구나무와 신풍나무의 푸른 가지를 가져다가 그것들의 껍질을 벗겨 흰 무늬를 내고 그 껍질 벗긴 가지를 양 떼가 와서 먹는 개천의 물 구유에 세워 양 떼를 향하게 하매 그 떼가 물을 먹으러 올 때에 새끼를 배니

야곱이 여기서 하고 있는 것을 자세히 살펴보십시오. 어떤 사람들이 생각하거나 제의하듯이 그는 제사 의식을 행하고 있는 것이 아닙니다. 하나님께서 아브라함에게 별을 세어보라고 함으로써 그의 비전을 도와주었듯이, 그는 똑같은 방법으로 자신의 비전을 돕고 있습니다.

야곱은 버드나무, 개암나무, 호두나무 가지를 취하여 그 위에 흔적을 만들어, 점이 있거나 줄무늬가 있는 가축의 몸에 있는 디자인과 똑같이 보이도록 하였습니다.

그런 다음 이 가지를 가축이 와서 물을 마시고 짝짓기하는 곳에 두었는데, 그렇게 하는 것이 점이 있고 줄무늬가 있는 새끼를 낳게 하려는 자신의 비전을 돕는다고 생각했기 때문이었습니다. 이 가지들 앞에서 짝짓기를 하면 그렇게 될 것이라고 생각했던 것입니다. 그는 이 생각에 초점을 맞추었습니다.

당신의 마음 전체가 당신이 보기 원하는 것으로 차고 넘치게 될 때까지 낮은 소리로 읊조리며 묵상하는 것이 바로 당신의 비전을 돕는 방법입니다. 그래서 때때로 앞에 아무것도 없이 골방에 들어가서 묵상할 때 당신이 무언가를 보기가 힘든 것입니다.

성경이나 당신의 비전과 방향이 맞는 다른 것을 읽음으로써 시작하십시오. 저는 사람들에게 말합니다. "만일 생산적인 금식을 하고 싶다면, 금식하는 동안 공부할 책을 가지고 함으로써 당신의 마음이 더 잘 집중하게 할 수 있을 것입니다."

> 마음 전체가 당신이 보기 원하는 것으로 가득 차고 넘치게 될 때까지 묵상하십시오.

금식을 하거나 묵상할 때 어떤 것에도 집중하지 않는다면 당신의 마음은 아무것도 창조하지 않을 것입니다. 당신은 이것을 반드시 배워야 합니다.

야곱은 이것을 이해하였습니다. 그는 우리가 보고 있는 것은 보이는 것으로 말미암은 것이 아님을 알았습니다(히 11:3). 야곱의 이야기로 돌아갑시다.

창 30:38-39

그 껍질 벗긴 가지를 양 떼가 와서 먹는 개천의 물 구유에 세워 양 떼를 향하게 하매 그 떼가 물을 먹으러 올 때에

새끼를 배니 가지 앞에서 새끼를 배므로 얼룩얼룩한 것과
점이 있고 아롱진 것을 낳은지라

그것은 효과가 있었습니다! 단색의 가축은 실제로 점이 있거나 줄무늬가 있는 새끼를 낳았습니다!
이제 야곱이 다음에 한 것을 보십시오.

창 30:40-42
야곱이 새끼 양을 구분하고 그 얼룩무늬와 검은 빛 있는 것을 라반의 양과 서로 마주보게 하며 자기 양을 따로 두어 라반의 양과 섞이지 않게 하며 튼튼한 양이 새끼 밸 때에는 야곱이 개천에다가 양 떼의 눈 앞에 그 가지를 두어 양이 그 가지 곁에서 새끼를 배게 하고 약한 양이면 그 가지를 두지 아니하니 그렇게 함으로 약한 것은 라반의 것이 되고 튼튼한 것은 야곱의 것이 된지라

정말 놀랍지 않습니까? 야곱이 어떤 의식을 거행한 것이 아니었습니다. 단지 표시를 한 가지를 가축 앞에 둠으로써 그들이 짝짓기를 할 때 그 가지들을 보고 같은 무늬를 가진 새끼를 배게 한 것이었습니다. 그러나 이제는 가지가 필요 없어졌습니다. 이번에는 점이 있고 줄무늬가 있는 소와 양을 어미 앞에 둠으로써,

그들이 짝짓기를 할 때 본 것과 같은 새끼를 배게 되었습니다.

창 30:41-42
튼튼한 양이 새끼 밸 때에는 야곱이 개천에다가 양 떼의 눈앞에 그 가지를 두어 양이 그 가지 곁에서 새끼를 배게 하고 약한 양이면 그 가지를 두지 아니하니 그렇게 함으로 약한 것은 라반의 것이 되고 튼튼한 것은 야곱의 것이 된지라

여기서 야곱이 라반을 속이고 있다고 생각하지 마십시오. 그가 한 일은 모두 그의 비전을 돕는 것이었으며, 가장 좋은 결과를 확실히 얻으려는 노력이었습니다. 그래서 물 먹는 곳에서 가축들이 짝짓기를 할 때마다 그는 무늬가 있는 가지를 두었으며, 약한 가축이 짝짓기를 할 때는 가지를 치워서 약한 것이 평범한 단색 새끼를 낳게 하였습니다.

야곱은 창조하는 능력인 상상력을 사용했습니다. 당신은 마음에 원하는 비전을 창조할 수 있습니다. 이것은 의식적으로 행하기로 선택해야 하는 것입니다. "나는 내 앞에 나타날 때까지는 비전을 볼 수 없어."라고 생각하지 마십시오. 아닙니다. 노력하지도 않았는데 당신 앞에 나타나는 비전은 당신 영에 주어지는 것인데, 그것은 하나님께 달려있는 것입니다. 그러나 진리는, 당신이 이 땅에 사는 동안 영적인 비전을 하나도 못

본다해도 만일 당신이 하나님께서 주신 생산하는 능력으로 창조한다면, 영적인 비전을 보지 못한 것이 당신이 원하는 성공을 막지는 못한다는 것입니다.

나타난 것으로부터가 아닙니다

라반과 그의 아들들은 한 마리도 없어야 마땅한데 어떻게 야곱이 그렇게 많은 점 있는 것과 얼룩무늬 있는 것과 아롱진 가축을 갖게 되었는지 알 수 없었습니다. 그들은 야곱이 그들의 것을 훔쳐갔다고 비난하였습니다. 그래서 야곱은 라반의 딸들인 자기 아내들에게 어떻게 이런 일이 일어나게 되었는지를 알려 줄 필요가 있다고 생각하여서 보여 주었습니다.

창 31:10-12
가축이 수태할 때에 내가 눈을 들어 꿈에 보니, 보라 가축 위에 탄 숫양들은 줄무늬 있는 것과 점 있는 것과 회색 얼룩진 것이더라 꿈에 하나님의 천사가 내게 말씀하여 이르시되 야곱아 하기에 내가 이르기를 내가 여기 있나이다 하매 그분께서 이르시되 이제 네 눈을 들어 보라 가축 위에 탄 숫양들은 다 줄무늬 있는 것과 점 있는 것과 회색 얼룩진 것이니 라반이 네게 행하는 것을 내가 다 보았느니라(KJV 흠정역)

여기서 야곱은 아내들에게 일의 영적인 면을 보여 주었습니다. 양들이 짝짓기를 할 때 얼룩무늬 있는 것과 점 있는 것과 아롱진 것이 나타나는 비전을 어떻게 계속해서 보았는지 말해 주었습니다. 그가 "꿈에 내가 눈을 들어 보니"라고 말하지 않은 것을 주의하십시오. 이렇게 말했다면 그가 자다가 이런 꿈을 꾸었다는 의미였을 것입니다. 그러나 그는 이렇게 말했습니다. "나의 눈을 들어, 나는 한 꿈을 보았다." 이는 그가 완전히 깨어 있는 상태에서 창조했던 마음의 비전에 관하여 말하는 것입니다. 당신이 이런 마음의 비전을 보고 있을 때 하나님은 당신에게 이렇게 말씀하십니다. "아들아, 딸아, 너는 가졌다!" 우리가 보는 것은 나타난 것으로 만들어진 것이 아닙니다(히 11:3).

> 당신이 묵상할 때 어떤 것에도 집중하고 있지 않다면 당신의 마음은 아무것도 창조하지 않을 것입니다.

모든 것을 새롭게 보십시오

고린도후서 5장 17절에서 바울은 이렇게 썼습니다.

고후 5:17
그런즉 누구든지 그리스도 안에 있으면 새로운 피조물이라 이전 것은 지나갔으니 보라 새 것이 되었도다

여기서 내가 공부하고 싶은 강력한 단어는 바로 "보라 (Behold)"입니다. 즉 본다(See)는 말입니다. 성령으로 말미암아 바울은 이렇게 말하고 있습니다. "보십시오. 모든 것들이 새롭게 되었습니다!" 모든 것이 새롭게 되었다는 것을 보아야 한다는 것을 아는 그리스도인은 많지 않습니다.

이 말씀은 성령님의 지시이자 명령입니다. 그분께서 당신에게 "보라!"고 말씀하십니다. 당신은 무엇을 보고 있습니까?

어떤 사람은 "나는 거듭난 이후에 아무것도 변한 것이 없습니다."라고 말합니다. 그러나 성경이 말하는 바는 그렇지 않습니다. 성경은 "보십시오, 모든 것이 새롭게 되었습니다!"라고 말합니다. 만일 모든 것을 새롭게 보지 않았다면, 당신은 잘못된 것을 보고 있습니다. 당신 자신에게 이렇게 말할 때입니다. "아니야, 이것은 내가 보아야 할 것들이 아니야. 모든 것이 새롭게 되었어."

> 만일 모든 것을 새롭게 보지 않았다면, 당신은 잘못된 것을 보고 있는 것입니다.

이제는 이 새로운 빛으로 당신 자신을 보기 시작하십시오. 자연적인 한계나 타고난 단점을 보지 마십시오. 당신의 가족을 괴롭혔던 불행의 희생자로서 자신을 보지 마십시오. 당신은 이제 하나님의 가족이라는 새 가족에 속했습니다(엡 3:14-15). 이제, 모든 것이 새롭게 된 것을 보십시오!

당신의 비전을 스스로 도와야 한다는 것을 기억하십시오. 우리가 아브라함, 이삭, 야곱으로부터 배운 것이 이것입니다. 야곱은 자신의 비전을 돕기 위해서 나무에 무늬를 낸 것을 사용했습니다. 당신의 비전을 돕고 당신이 바라볼 바른 그림을 찾으십시오. 영과 마음의 초점을 바른 방향으로 조정해 나갈 것들과 함께 하십시오.

바른 곳에 있으십시오

이것이 당신이 바른 교회에 다니면서 하나님의 말씀의 진리에 노출되는 것이 너무나 중요한 이유입니다. 잘못된 곳에 가면, 비전이 바뀌고 잘못된 것을 보기 시작합니다. 왜냐하면 하나님의 말씀을 가르침 받지 못하기 때문입니다. 하나님의 말씀은 당신에게 바른 그림과 비전을 줍니다. 왜냐하면 하나님의 말씀은 그분의 거울로서, 하나님의 마음에 있는 진정한 당신의 이미지를 그대로 비추어주기 때문입니다.

당신이 무엇을 보는지가 중요합니다. 나는 삼십 년이 넘도록 목사였는데, 때로 교회에서 일어나는 잘못된 일에 관하여 목사에게 말하기 원하는 사람들을 만나게 됩니다. 그들은 목사가 실제로 어떤 일이 일어나고 있는지를 모르고 있다고 생각합니다. 그러나 사실은 그들이야말로 무슨 일이 일어나고 있는지 모르는 사람들입니다. 왜냐하면 그들은 잘못된 것을 보고 있기 때문입니다. 목사는 하나님께서 보여주시는 것에 초점을 맞추고 있어야 합니다.

여호수아와 여리고의 성벽

사역자, 사업가, 부모, 학생으로서 당신은 무엇을 보기 원합니까? 부정적인 마음을 가진 사람들이 보여주는 것들을 보고 있으면 당신도 부정적인 것을 가지게 될 것입니다. 대신 주님께서 보여주신 것에 집중하십시오. 우리는 이것에 관해서 여호수아의 삶에서 매우 교훈적인 경우를 봅니다.

> 수 6:1-2
> 이스라엘 자손들로 말미암아 여리고는 굳게 닫혔고, 출입하는 자가 없더라 여호와께서 여호수아에게 이르시되 보라 내가 여리고와 그 왕과 용사들을 네 손에 넘겨 주었으니

이때는 여리고 전쟁이 아직 시작되지 않았고 어떤 전투도 없었습니다. 주님께서 그에게 "보라 내가 여리고와 그 왕과 용사들을 네 손에 넘겨 주었다."라고 하셨을 때 여호수아는 여리고를 공격하려고 작전 계획을 하고 있었을 뿐이었습니다.

그러나 여리고의 강한 성벽은 강력하게 버티고 있었고, 온 도시는 닫힌 상태였으며, 이스라엘 자손 때문에 아무도 성으로 드나드는 사람이 없었습니다. 그런데 주님은 여호수아에게 "보라 내가 여리고와 그 왕과 용사들을 네 손에 넘겨 주었다."라고 말씀하셨습니다.

하나님이 여기서 여호수아에게 하신 첫 번째 지시는 단순합니다. "보라!" 즉 여호수아는 여리고를 정복하고 차지하기

위해서 먼저 안으로부터 "보아야"만 했습니다. 그는 상상의 능력을 사용해야만 했습니다. 하나님께서 그 땅을 주신 것을 보지 못한다면, 그는 그 땅을 차지하지 못했을 것입니다.

> 하나님께서 당신을 위해 이미 무언가를 행하셨더라도, 당신이 그것을 소유하기 위해서는 당신이 "보아야" 합니다.

오늘날도 이 강력한 원리는 적용됩니다. 하나님께서 당신을 위해 무언가를 하셨다 해도 그것을 가지기 위해서는 당신이 그것을 "보아야"만 합니다!

우리가 무엇을 원하든지 바른 정신적 그림을 가지고 있는 것이 얼마나 중요한지요! 이것을 이해하십시오. **비전의 범위(extent)는 축복의 경계선(boundary)입니다!** 다른 말로 하면, 당신이 얼마나 소유하게 될 것인가는 당신의 비전이 얼마나 멀리까지 볼 수 있는지에 달려 있습니다.

직장 경력, 사업, 가족, 재정, 사역, 공부 등에 관하여 오늘 당신은 무엇을 보고 있습니까? 당신이 이룬 발전이나 가고 있는 방향이 만족스럽지 않다면, 그것은 당신이 보지 않기 때문입니다. 이제 당신이 볼 시간입니다!

지금이 당신에게 예비된 때입니다

당신은 무엇을 볼 수 있습니까? 마음으로 어디까지 볼 수 있습니까? 몇 년 전, 치유 집회에서 있었던 놀라운 경험이 생각납니다. 걸을 수 없었던 한 소녀가 휠체어를 타고 내 앞에 왔습니다. 그런데 내가 기도하려고 손을 얹자, 마치 질주를 하려고 마음을 단단히 준비하는 듯 손발을 움직였습니다. 그리고 내가 "치유될지어다!"라고 말하자마자, 그녀는 즉시 달려나갔습니다! 나는 아직 다 끝나지 않았으므로 재빨리 손을 내밀어 그녀를 붙잡아야 했습니다.

당신은 "어떻게 그런 일이 일어났을까?"하고 궁금할지도 모릅니다. 그 소녀는 자신이 그날 달리는 그림을 마음에 가지고 있었습니다. 그녀에게 그날은 변화되는 날이었으며, 그녀가 치유받는 것을 방해할 것은 아무것도 없었습니다. 그녀는 이미 사지에 힘이 나고 또래의 건강한 소녀들처럼 달리는 자신의 모습을 볼 수 있었습니다. 어떻게 되었을까요? 그녀는 마음에서 본 대로 치유받았습니다. 그녀는 그날 치유를 받고 다시 걷고 달리기 시작하면서 하나님을 찬양하였습니다!

결론: 날마다 새롭게 되십시오

마음의 특성

고후 4:16
그러므로 우리가 낙심하지 아니하노니 우리의 겉사람은 낡아지나 우리의 속사람은 날로 새로워지도다

이 말을 하였을 때 바울은 교회에 대한 일반적인 말을 하고 있는 것이 아니었습니다. 문맥 안에서 이 말씀을 연구해 보면, 특별히 바울 자신과 이것을 삶에서 경험했던 그와 동행했던 몇몇 다른 사람들에 대해 말하고 있는 것을 알 수 있습니다.

이는 그에게 일어난 일이기 때문에 하나님의 자녀로서 그들에게도 일어나야 한다는 것을 고린도에 있는 성도들에게 알려 주고 있는 것입니다.

모든 그리스도인이 자신의 속사람이 날마다 새롭게 되고

있다고 말할 수 없을지도 모릅니다. 그러나 바울은 자신이 날마다 속에서 새롭게 되고 있다고 말했습니다. 하나님께 영광을 돌립니다! 당신의 속사람을 새롭게 하는 것은 날마다 경험하는 일이어야 합니다. 겉사람은 점점 늙어가도 속사람은 매일 하나님의 말씀을 통하여 새롭게 되어야만 합니다. 어떻게 그렇게 되는지 보여 드리겠습니다.

에베소서 4장 23-24절은 이렇게 말합니다.

> 엡 4:23-24
> 오직 너희의 심령(spirit of your mind)이 새롭게 되어 하나님을 따라 의와 진리의 거룩함으로 지으심을 받은 새 사람을 입으라

여기서 마음의 "영"(The "spirit" of mind)이란 마음의 "특성(character)"을 가리킵니다. 그러므로 심령을 새롭게 하라는 것은 속사람을 교육하는 것을 말합니다. 좋은 학교에 다니며 바른 책을 읽음으로써 자연스럽게 교육을 받듯이, 사람은 그가 받은 정보와 깨달음으로 인해 새로운 특성을 형성하게 됩니다.

외딴 시골에서 태어나 바깥 세상에 대해 아무것도 모르는 소년이, 교육을 통해 같은 출신의 세련되지 않은 청년과는 다른

새로운 특성을 형성함으로써 국무부장관이나 국무총리나 대통령이 될 수도 있습니다.

이와 똑같이 당신의 속사람은 하나님의 말씀으로, 에베소서 4장 24절 말씀처럼 하나님을 따라 의와 참된 거룩함으로 창조된 새로운 특성을 형성하도록 교육받을 수 있습니다. 하나님께 영광을 돌립니다!

하나님께서 당신이 되도록 창조하신 모든 것이 되십시오

이제 당신이 무엇을 해야 하는지 알았으니 그리스도 안에서 당신이 되어야 하는 모든 것이 되도록 하나님의 말씀으로 속사람을 훈련하고 발전시키십시오. 하나님의 자녀로서 개인적인 훈련과 개발에 있어서 당신의 속사람을 훈련하는 것이 최우선 과제가 되어야 합니다. 영이 바르게 훈련된다면, 당신은 보고 들어야 할 것을 보고 들을 것입니다.

보고 듣는 것이 기본적으로 당신에게 들어오는 정보의 근원이기 때문에 이것은 중요합니다. 분명하게 보지 못한다면 잘못된 그림을 가지게 되고, 바르게 듣지 못하면 잘못된 메시지를 얻게 될 것입니다. 그러나

> 개인적인 훈련과 개발에 있어서 속사람을 훈련하는 것이 최우선 과제가 되어야 합니다.

보아야 할 것을 보고 들어야 할 것을 듣는다면, 당신은 바른 그림과 메시지를 가지게 되어 자신이 실제로 누구인지 알게 되며 당신 되어야 하는 모든 것이 될 수 있습니다.

골 3:9-10
너희가 서로 거짓말을 하지 말라 옛 사람과 그 행위를 벗어버리고 새 사람을 입었으니 이는 자기를 창조하신 이의 형상을 따라 지식에까지 새롭게 하심을 입은 자니라

이 말씀은 우리가 에베소서 4장 24절에서 방금 읽은 것과 거의 비슷합니다. 우리는 하나님을 닮았으며 우리의 영 안에는 그리스도의 실제 이미지가 있습니다. 그리스도께서 그러하심과 같이 우리도 세상에서 그러하므로(요일 4:7), 우리는 그리스도의 생명과 본성을 가지고 있습니다. 우리의 심령과 마음이 영 안에 있는 그분의 형상(그분의 말씀)을 따라 지식에까지 새롭게 됨으로써 우리는 우리의 생각, 말, 행동, 방법, 방식에 있어서 더욱 그분의 특성을 형성하고 그분과 같이 됩니다.

당신의 세계를 변화시키십시오!

골 3:10
새 사람을 입었으니 이는 자기를 창조하신 이의 형상을 따라 지식에까지 새롭게 하심을 입은 자니라

이 말씀은 창조주이신 하나님의 본성에 관하여 매우 교훈적인 무언가를 말하고 있습니다. 하나님께서 우리의 영을 그분과 똑같도록 창조하셨으므로 하나님은 우리가 창조하는 자가 되기를 기대하십니다. 이 말은 하나님께서는 우리가 일이 일어나도록 만들며 우리의 세상을 바꾸기를 원하신다는 것입니다.

온 세상에 사는 많은 하나님의 자녀들이 이전에 하지 못했던 새롭고 놀라운 일을 하고 있습니다. 당신도 그런 사람 중 하나일지도 모르지만 당신이 할 수 있는 일이 너무나 많습니다. 하나님께서 당신의 영에 넣어 두신 것으로부터 꺼내어서 당신의 마음을 통하여 이끌어 내는 법을 배운다면, 당신의 능력과 당신이 얼마나 더 많은 것을 할 수 있는지에 놀라게 될 것입니다.

당신 안에는 엄청난 잠재력이 주어져 있습니다. 믿는 자는 모든 것을 할 수 있다고 예수님께서 말씀하신 것은 거짓말이 아닙니다. 주님은 그분이 우리에게 어떤 것을 넣어 주셨는지 아셨습니다.

하나님께서 얼마나 놀라운 삶을 주셨는지요! 이 진리를 낮은 소리로 읊조리며 묵상하고 마음의 창조적인 눈으로 보십시오. 주님께서는 그분께서 주신 것을 당신이 사용하기 원하십니다. 주님께서 당신에게 마음을 주셔서 육체의 눈으로는 볼 수 없는 것을 볼 수 있게 하신 것을 기억하십시오. 마음의 눈으로 보기 전에는 창조할 수 없으므로, 마음의 눈을 사용하기로 결심하십시오.

마지막 때에 너무나 많은 일이 일어날 것입니다. 하나님의 말씀이 우리에게 보여 준 영광스러운 일들이 일어날 것입니다. 그러나 이는 하나님께서 주신 것을 사용하는 사람을 통해서만 일어나게 될 것입니다. 원하는 것을 보고 창조하기 위해서 우리는 정신의 눈을 사용할 것입니다!

그러므로 당신이 하나님을 위하여 진보를 이루고 큰 일을 하는 것을 보십시오. 마음의 눈으로 보십시오. 당신이 보기 원하는 것에 초점을 맞추십시오. 당신이 볼 수 있다면, 가질 수 있고 가지게 될 것입니다.

배운 것을 사용하십시오

다른 영상이 당신이 보고 있는 것을 왜곡시키려고 하면 거절하십시오! 실패하는 모습을 보거든 그 영상을 향하여 아니라고 말하십시오! 마음의 눈으로 당신에 관한 하나님의 말씀과 일치하는 것에 초점을 맞추십시오.

> 마음의 눈으로 보십시오 … 당신이 볼 수 있다면, 가질 수 있고 갖게 될 것입니다.

나는 당신에게, 비전을 통하여 당신의 삶을 어떻게 발전시키며 탁월한 결과를 창출할 수 있는지를 보여 주었습니다. 직장, 사업, 사역, 가정, 건강, 재정 등 당신과 관계된 것은 무엇이든지 원하는 것을 비전의 능력을 사용하여 창조하십시오.

이 책을 읽는 동안 당신은 무엇인가를 배우고 다른 것들도 알게 되었으리라고 믿습니다. 이제 당신이 배운 것을 사용하여 하나님께서 허락하신 영광스럽고 승리하는 삶을 사십시오!

학습 가이드

소개

이 학습 가이드는 두 가지 이유로 만들어졌습니다. 첫 번째는, 크리스 오야킬로메 목사님이 『마음의 능력』에서 나눈 삶을 변화시키는 사고들과 원리들에 대해 더 깊이 이해하기 위해서입니다. 두 번째는, 이 책에 실린 성경에 근거하고 오랜 시간에 걸쳐 검증된 원리들을 통해 탁월한 삶을 보장하는 바른 태도와 중요한 습관들을 당신이 발전시키고, 흡수하며, 자신에게 심어주는 데 있어 당신을 안내하고 돕기 위해서입니다.

이것을 달성하기 위해 학습 가이드의 각 장마다 다음의 주요 사항들을 싣고 있습니다.

▶ **목표**

각 장을 학습하면서 당신이 배웠기를 원하는 것

▶ **성찰**

책에 제시된 지시사항에 따라 어떻게 행동해야 하는지를 안내해 주는 질문들과 활동들이 제시되어 있습니다. 그렇게 함으로써 당신은 열망하는 결과들을 생산해낼 수 있습니다.

▶ **암기**

심령으로 배우도록 당신을 격려해주는, 각 장의 주제를 뒷받침해주는 성경구절들

▶ **요약**

방금 공부한 장의 핵심적인 학습내용들을 정리하여 요약합니다.

▶ **핵심사항**

각 장에서 당신이 꼭 배웠어야 하는 몇 가지 핵심사항들

이 가이드를 사용하는 법

● 이 학습 가이드를 가장 효과적으로 사용하기 위해서는 이 책의 한 장을 방해받지 않고 개인적으로 기도하는 마음으로 읽을 수 있는 매일의 조용한 시간을 만들어 내십시오. 그런 후에는 그 장의 핵심사항들, 지시사항들, 행동 방침들 그리고 묵상을 위한 성경구절들을 심사숙고하십시오.

● 『마음의 능력』 책과 함께 성경, 필기도구, 또는 즉시 사용 가능한 장비들을 준비하십시오. 왜냐하면 이 책을 공부하면서 당신은 삶을 변화시키는 데 필요한 특정 생각들, 전략들, 안내를 받을 것이기 때문입니다.

제 1 장

마음을 새롭게 하기: 마음 관리의 개념

▶ 목표

1장을 공부하면서 당신은 필수적인 마음 관리에 대해 배웠을 것이고, 이 영적 원리의 적용함으로써 당신이 보다 생산적이고 탁월해지기 위해 필요한 기본적인 지식을 습득했을 것입니다.

▶ 성찰

a. 마음 관리의 뜻을 써 보십시오.

당신 삶의 특정 분야에 어떻게 이 개념을 즉시 적용하기 시작할 것인지 써 보십시오.

....
....
....
....
....
....

b. 삶에서 변화를 위해 매우 열심히 노력하고 당신이 해야 한다고 생각하는 모든 것을 다 해 보았지만, 여전히 제한되거나 성공을 거두지 못한 분야들이 있습니까?
그것들은 어떠한 분야들입니까?

....
....
....
....
....

c. 이 장에 따르면, 당신의 생각하는 방식이 어떻게 이러한 분야들에서 제한된 성공을 거두도록 영향을 주었습니까?

....
....
....
....
....

d. 당신은 지금 삶의 어떤 분야에서 변화하고, 개선되고, 향상되고 싶습니까? 다음 표 안에 그 분야들을 적고, 그것들 각각에서 무엇을 이루길 열망하는지 나타내보십시오.

순서	분야	나의 열망
1		
2		
3		
4		
5		

▶ 암기

로마서 12:1-2

그러므로 형제들아, 내가 하나님의 모든 자비하심으로 너희에게 권고하노니, 너희 몸을 하나님께서 기뻐하시는 거룩한 산 제물로 드리라. 이것이 너희가 드릴 합당한 예배니라. 너희는 이 세상과 일치하지 말고 너희 마음을 새롭게 함으로써 변화를 받아 하나님의 선하시고 기뻐하시고 온전하신 뜻이 무엇인지 입증하도록 하라.

▶ 요약

이 장에서 배운 것을 요약하십시오.

....
....
....
....
....
....
....
....
....
....

제 2 장

마음을 이해하기

▶ **목표**

당신은 실체는 없으나 영적인 실재로서의 마음의 본성을 발견하게 되고 몸에 대한 인간의 영의 연결고리로서의 마음의 기능을 더 잘 이해하게 될 것입니다.

▶ **성찰**

a. 예수님의 말씀에 의하면, 악한 생각들은 어디로부터 생겨납니까?

....

....

....

b. 심령에는 서로 다른 종류, 즉 좋은 생각과 악한 생각이 있습니다. 예수님은 어떠한 근거로 몇몇 생각들을 악한 것으로 분류하셨나요?

c. 예수님의 제자들은 왜 예수님이 그들에게 나타나셨을 때 두려워했습니까?

d. 당신 안에 두려움이나 나약함을 만들어냈던 정보를 당신이 받아들였던 경험들을 생각해보십시오. 하나님의 말씀 중 어떤 구절들이 당신 마음 속에 믿음과 힘을 세우는데 도움을 줄 수 있습니까?

▶ 암기

히브리서 4:12

하나님의 말씀은 살아 있고 활력이 있어 양날이 있는 어떤 칼보다도 예리하여 혼과 영, 그리고 관절과 골수를 찔러 가르고 마음의 생각들과 의도들을 판별하느니라

▶ 요약

이 장에서 배운 것을 요약하십시오.

▶ **핵심사항들**

a. 겉사람은 육체적 몸과 오감들(시각, 청각, 후각, 촉각, 미각)이고, 속사람은 인간의 영과 그의 혼(마음, 의지, 감정, 추론과 지성의 자리)입니다.

b. 오직 하나님의 말씀만이 속사람이 발견되고 교육되도록 할 수 있습니다.

c. 마음은 사람의 추론하고 생각하는 능력입니다. 마음은 상상과 인식과 이해의 능력을 가지고 있습니다.

d. 마음은 느낌과 감정의 처리를 담당하며 태도와 행동을 낳습니다.

제 3 장

이것들을 생각하라

▶ **목표**

영으로 들어가는 문으로서의 마음의 필수적인 기능을 발견할 것이고, 악한 생각들을 막아 내고 당신을 세워주는 것들만 들어오도록 함으로써 마음을 지키는 법을 배울 것입니다.

▶ **성찰**

a. 이 책에서는 당신이 사무실에서 몇몇 동료들이 다른 동료에 대해 수군거리는 것을 본다면 어떻게 반응하라고 가르칩니까?

....

....

....

....

....

b. 사실과 하나님의 진리의 차이를 구분 지어보십시오.

....
....
....
....
....

c. 사실들(Facts)이 하나님의 말씀과 일치되지 않은 것 같았던 경험들이 있습니까? 그 경험에 대한 성경 구절과 하나님의 말씀의 고백을 찾아낼 수 있습니까? 아래 표에 당신의 생각을 적으십시오.

순서	사실(Fact)	하나님 말씀의 진리	고백
1	질병을 가지고 태어났음	고린도후서 5:17 그러므로 누구든지 그리스도 안에 있으면 새로운 피조물이라 옛 것들은 지나갔으니 보라 모든 것이 새롭게 되었도다	나는 그리스도 안에 있으므로 신성한 건강 가운데 살고 있습니다. 질병이나 질환은 더 이상 내 안에 있지 않습니다! 주님을 찬양합니다!

2		
3		
4		
5		

▶ 암기

빌립보서 4:8

끝으로 형제들아 무엇에든지 참되며 무엇에든지 경건하며 무엇에든지 옳으며 무엇에든지 정결하며 무엇에든지 사랑 받을 만하며 무엇에든지 칭찬 받을 만하며 무슨 덕이 있든지 무슨 기림이 있든지 이것들을 생각하라

▶ 요약

이 장에서 배운 것을 요약하십시오.

▶ **핵심사항들**

a. 마음은 영으로 들어가는 문입니다. 당신이 먼저 허용하지 않는 한 어떤 것도 당신의 마음을 통해 당신의 영으로 들어갈 수 없습니다.

b. 하나님은 당신을 대신해서 당신의 마음을 지켜주지 않으실 것입니다. 책임은 당신에게 있습니다.

c. 당신이 해야 할 큰 일들이 있고 정복하고자 하는 세상이 있다면, 사소하고 진부한 것에 신경을 쓸 수 없습니다.

제 4 장

당신의 마음을 바르게 사용하십시오

▶ **목표**

당신의 마음은 그리스도 안에서 당신을 위한 여러 가지 축복들을 누리도록 하기 위해 하나님께서 당신에게 주신 매우 유용한 도구들 중 하나입니다. 그러나 마음을 최대로 활용하기 위해서는 올바른 것들에 마음을 집중해야 합니다. 4장의 목적은 당신이 마음을 올바로 사용하는 법을 배우도록 도와서, 하나님께서 당신이 살도록 계획해 놓으신 놀랍고 특별한 삶을 살 수 있게 하는 것입니다.

▶ **성찰**

a. '육신적인 것들'과 '하나님을 향한 영적인 것들'의 몇 가지 예를 들어보십시오.

육신적인 것들 :

....

....

....

....

하나님을 향한 영적인 것들 :

....

....

....

....

▶ 암기

이사야 26:3
주께서는 마음을 주께 의탁하는 사람을 완전한 화평 속에서 지키시리니 이는 그 사람이 주를 의뢰함이니이다.

로마서 8:5
육신을 따르는 사람들은 육신의 일들을 생각하나 성령을 따르는 사람들은 성령의 일들을 생각하느니라. 육신적으로 생각하는 것은 사망이나 영적으로 생각하는 것은 생명과 화평이니라.

▶ **요약**

이 장에서 배운 것을 요약하십시오.

....
....
....
....
....
....

▶ **핵심사항들**

a. 마음을 바르게 사용하는 법을 이해하는 것은 당신이 열망하는 다음 단계와 더 높은 단계로 갈 수 있는 티켓입니다.

b. 당신이 특정 대상이나 일에 마음에 집중하면, 당신의 힘도 그쪽으로 향하여 영향을 미칩니다.

c. 세상적인 것에 마음을 두면 사망을 낳게 되지만, 영적인 것에 마음을 집중시키면 생명과 평안을 얻게 됩니다.

d. 하나님의 말씀은 빛이며, 빛은 분명히 밝히고 드러냅니다.

제 5 장

육신적인 마음 대 영적인 마음

▶ **목표**

육신적인 마음의 특성과 작용에 반대되는 것으로서, 영적인 마음의 특성과 작용을 구별하는 것을 배우게 될 것입니다. 또한 당신이 영적인 마음을 가지고 기능하며 그 축복들과 혜택들을 활용하는 것을 돕기 위한 필수적이고 말씀을 토대로 한 지식들로 당신은 구비될 것입니다.

▶ **성찰**

당신의 생활방식을 평가해보는 시간을 가지십시오. 감각들에 따라 혹은 겉사람의 관심을 끄는 것들에 따라 살고 있는 분야들이 있습니까? 그것들을 하나님의 말씀과 일치시키기 위해서 당신은 어떤 변화를 일으켜야 합니까?

순서	삶의 분야	변화들
1		
2		
3		
4		
5		

▶ 암기

디모데후서 1:7

하나님께서 우리에게 주신 것은 두려워하는 영이 아니라 능력과 사랑과 건전한 생각의 영이라.

▶ 요약

이 장에서 배운 것을 요약하십시오.

▶ **핵심사항들**

a. 육신적인 마음은 아무런 영적인 유익이 없는 세상적(감각적)인 것들만을 인식하고 이해하고 열망하도록 훈련된 마음입니다.

b. 만약 당신이 감각에 따라 혹은 겉사람의 관심을 끄는 것들에 따라 살고 있다면, 당신은 하나님을 기쁘시게 할 수 없습니다.

제 6 장

생각의 능력

▶ 목표

생각이란 실제로 무엇이며 그것이 어떻게 형성되는지, 그리고 인생에서의 성공을 결정짓는 데 생각이 하는 중요한 역할에 대해 이해하게 될 것입니다.

▶ 성찰

a. 하나님께로부터 온 생각과 사단에게서 온 생각을 어떻게 구별할 수 있습니까?

1) 하나님께로부터 온 생각들

....
....
....
....

2) 사단에게서 온 생각들

....
....
....
....
....

b. "생각의 능력The Power of Thoughts" 메시지를 시청하시고 들으십시오.
www.christembassyonlinestore.org 이나 "Pastor Chris Digital Library" 앱에서 영어 메시지를 주문할 수 있습니다.

▶ 암기
고전 2:16
누가 주의 마음을 알아서 주를 가르치겠느냐 그러나 우리가 그리스도의 마음을 가졌느니라.

▶ 요약
이 장에서 배운 것을 요약하십시오.

....
....

▶ **핵심사항들**

a. 생각은 건설적이거나 파괴적인 가능성을 가진 마음의 그림이며, 인간의 감정과 함께 또는 감정 안에서 기능합니다.

b. 생각은 상상과 정보와 자극에 근거한 마음의 의식적이고도 정신적인 구축물입니다.

c. 당신은 당신 생각의 반영물입니다.

d. 생각을 바꾸기 전에는 당신의 삶이나 상태나 상황을 바꿀 수 없습니다.

e. 하나님은 당신의 생각에 대해 당신에게 책임을 물으십니다.

제 7 장

견고한 진 무너뜨리기

▶ **목표**

적들을 완전히 패배시키고, 그들이 세웠거나 세우려고 시도하는 견고한 진들을 제거하는 데 당신이 마음껏 쓸 수 있는 하나님의 무기를 사용하는 법을 배우십시오.

▶ **성찰**

견고한 진에 대한 저자의 정의를 사용하여, 당신이 하나님의 일들에서 진보하는 것을 방해하는 견고한 진들을 써 보십시오. 이러한 견고한 진을 무너뜨리기 위해 당신은 어떤 성경말씀들을 사용할 수 있습니까?
(견고한 진의 예 : "우리 할아버지와 아버지가 실패자였기 때문에 나는 결코 성공하지 못할 거야")

순서	견고한 진들	하나님 말씀에서 온 새로운 생각
1		
2		
3		
4		
5		

▶ 암기

고린도후서 10:4-5

우리의 싸우는 무기는 육신에 속한 것이 아니요 오직 어떤 견고한 진도 무너뜨리는 하나님의 능력이라 모든 이론을 무너뜨리며 하나님 아는 것을 대적하여 높아진 것을 다 무너뜨리고 모든 생각을 사로잡아 그리스도에게 복종하게 하니

▶ 요약

이 장에서 배운 것을 요약하십시오.

▶ **핵심사항들**

a. 견고한 진이란 사람이 하나님의 것에서 전진하지 못하도록 봉쇄하는 정신적인 장벽입니다.

b. 우리는 영적 전쟁 중이지만, 승리를 약속하는 하나님으로부터 온 무기들로 구비되어 있습니다.

c. 성령의 검 – 하나님의 말씀 – 은 우리의 무기 중에서 유일한 공격 무기입니다.

d. 당신은 성령의 검으로 적의 견고한 진과 논쟁자의 추론을 무너뜨립니다.

제 8 장

부정적인 생각과 감정을 다루기

▶ **목표**

환경이나 마귀가 당신의 감정과 상황에 대한 반응을 좌지우지하도록 허락하는 대신, 당신이 마음의 주도권을 잡고 올바른 감정을 생산해내는 마음의 건설적인 능력을 바르게 사용하는 법을 발견하기 바랍니다.

▶ **성찰**

a. 당신에게 잘못한 어떤 일 때문에 누군가를 환영받지 못하는 자로 선언하고 멀리하기로 결심한 적이 있습니까? 그 사람에게 당신의 사랑을 뻗치고 그와 관계를 회복하기 위해 이제 어떠한 발걸음을 떼려고 하십니까?

....

....

....

....

b. 어떤 부정적인 감정이나 태도를 나타내고 스스로 놀란 적이 있다면, 빨리 회개하고 고치십시오. "아버지, 오늘부터 저는 주 예수의 이름으로 이것을(잘못된 태도나 감정을 언급하세요) 거절합니다! 이런 반응은 더 이상 내게 능력을 행사할 수 없습니다!"라고 말하십시오.

▶ 암기

여호수아 1:5-7(NKJV)
네 평생에 네 앞에 설 자가 아무도 없으리라. 내가 모세와 함께 하였던 것과 같이 내가 너와도 함께 하리니, 내가 너를 떠나지 아니하고 버리지 아니하리라. 오직 강하고 매우 담대하여 내 종 모세가 네게 명령한 모든 율법들을 지켜 행하라.

▶ 요약

이 장에서 배운 것을 요약하십시오.

▶ **핵심사항들**

a. 당신이 마음에서 고통, 불쾌함, 슬픔, 걱정을 재생산하거나 처리하지 않는 한, 그것들은 당신에게 어떤 영향력이나 권세도 행사할 수 없습니다.

b. 당신은 하나님의 의를 나타내는 자이고, 그분의 빛을 드러내는 자이며, 그분의 선하심을 나눠 주는 자입니다.

c. 주님을 기뻐하는 것은 노래하고, 웃고, 춤추고, 찬양의 말을 하고, 주 안에서 형제자매에게 힘을 주고 격려해 주는 말을 함으로써 그들과 사랑 가운데 화목한 것입니다.

제 9 장

걱정하지 마십시오

▶ 목표
당신의 주의를 흐트러뜨리고, 하나님의 말씀으로부터 멀어지게 하는 생각들을 거절하는 것을 배우면서 평안으로 가득 차고 걱정 없는 인생을 살 수 있는 방법을 발견하게 될 것입니다.

▶ 성찰
a. 당신을 걱정하게 만드는 것들이 있습니까? 지금부터 그러한 것들에 대해 어떻게 반응할 작정이십니까?

순서	걱정거리	반응
1		

2			
3			
4			
5			

b. 하나님의 왕국이 확고히 세워지고 당신의 세상에서 그분의 의가 드러나는 것을 보기 위해 당신은 개인적으로 어떤 행동들을 취할 수 있습니까?

1) ....
2) ....
3) ....
4) ....

▶ 암기

빌립보서 4:6-7

아무것도 염려하지 말고 다만 모든 일에 기도와 간구로 너희의 구하는 것들을 감사함으로 하나님께 알려지게 하라. 그리하면 모든 지각을 초월하시는 하나님의 평강이 그리스도 예수 안에서 너희 마음과 생각을 지키시리라

▶ 요약

....
....
....
....
....

▶ **핵심사항들**

a. "생각한다(take a thought)"는 것은 관심을 가질 정도로 무엇인가에 마음을 집중한다는 것을 의미합니다.

b. 당신은 깊이 생각하기 원하는 생각들을 결정하고 선택할 수 있습니다.

c. 걱정함으로 더 나아질 수 없습니다.

d. 당신이 신경 써야 할 가장 우선적이고 중요한 것은 하나님의 왕국이 확고히 세워지는 것과 당신의 세상에서 그분의 의가 드러나는 것을 보는 것입니다.

e. 하나님의 말씀은 그분의 지혜입니다. 말씀은 어휘의 옷을 입고 있는 그분의 생각들입니다.

제 10 장

태도 – 당신의 정신적 성향

▶ 목표
성령의 능력과 하나님의 말씀을 통해 생각, 느낌, 감정을 처리하는 새로운 방식을 배움으로써 당신의 태도를 향상시키는 법을 발견하도록 도울 것입니다.

▶ 성찰
a. 변화되어야 할 부정적인 태도들이 있습니까? 이러한 변화를 성취하도록 도울 수 있는 하나님의 말씀으로부터 새로운 정보와 지식을 써 보십시오.

....

....

....

....

....

b. "태도ATTITUDE" 메시지를 시청하거나 들으십시오. www.christembassyonlinestore.org 또는 "Pastor Chris Digital Library" 앱에서 영어 메시지를 주문하실 수 있습니다.

▶ **암기**

로마서 12:2(AMP)

너희는 이 세대를 본받지 말고[세상의 외적, 표면적인 관습들을 따라하거나 순응하지 말고] 오직 [온]마음[마음의 새로운 이상과 새로운 태도]을 새롭게 함으로 변화를 받아[바뀌어서] 하나님의[하나님이 보시기에 너희에게] 선하시고 기뻐하시고 온전하신 뜻이 무엇인지 분별하도록[스스로 증명하도록] 하라

▶ **요약**

이 장에서 배운 것을 요약하십시오.

....

....

....

....

....

....

▶ **핵심사항들**

a. 태도는 느낌, 감정, 신념, 추론을 정신적으로 처리하여 결정한 방법으로 행동하는 경향입니다.

b. 어떻게 정보가 왔는지에 대해서는 당신에게 책임이 없을 수도 있지만, 그 정보를 가지고 어떻게 하였는지, 즉 정보를 어떻게 처리하고 어떤 행동을 하였는지는 분명히 당신의 책임입니다.

c. 마음에 대한 신나는 사실은, 마음의 내용과 처리는 관리될 수 있고 마음을 재조직하고 재프로그램할 수 있다는 것입니다.

d. 당신 영의 가장 훌륭하고 탁월한 것들은 당신의 마음을 통해서 표현됩니다.

제 11 장

먼저 안으로부터 보십시오

▶ **목표**

당신의 꿈들을 손에 넣기 위한 필수적인 도구로서 마음의 중요성을 이해하게 될 것입니다. 또한 하나님께서 당신에게 주신 비전의 다른 경로들에 대해 배우고, 당신의 창조적인 눈의 무한한 범위를 어떻게 극대화하는지 배우게 될 것입니다.

▶ **성찰**

a. 올해에 당신은 어떤 목표들을 성취하기 원하십니까? 그것들을 적어보고, 당신이 그 목표들을 달성하는 것을 마음 속에 그리면서 시간을 보내십시오.

1) _____

2) _____

3)
....

4)
....

5)
....

b. 『당신의 인생을 재창조하라』믿음의말씀사,2009 책을 구해서 읽으십시오.

▶ 암기

창세기 13:14-15

이제 네 눈을 들어 네게 있는 곳에서부터 북쪽과 남쪽과 동쪽과 서쪽을 바라보라. 이는 네가 보는 모든 땅을 내가 네게 줄 것이며, 네 씨에게 영원히 주고

▶ 요약

이 장에서 배운 것을 요약하십시오.

....

....

....

....

▶ **핵심사항들**

a. 삶에서 이루기 원하는 것은 무엇이든지 먼저 당신의 마음으로부터 그것을 보고 차지해야 합니다.

b. 현재 바라볼 수 있는 한계를 넘어 보기 위해 믿음의 눈을 활성화시키십시오.

c. 당신의 마음에 비전이 더욱 명확해지도록 돕는 것은 중요합니다. 비전을 강화하고 향상시키는 것들에 마음을 집중시킴으로써 그렇게 할 수 있습니다.

d. 하나님께서는 결코 우리를 고통 받거나 간신히 먹고 사는 평범한 인생을 살게 하려고 창조하지 않으셨습니다. 삶의 모든 영역에서 탁월하며 번창하도록 우리를 창조하셨습니다.

제 12 장

낮은 소리로 읊조리기 – 창조의 시간

▶ 목표
당신의 창조적인 능력인 상상력을 극대화시키는 법을 배울 것입니다. 성경에 나와 있는 생생한 예들을 보면서, 온전히 새롭고 역동적인 방식으로 흐르는 창의력을 얻기 위해 현실적인 수단들을 이용하는 법을 안내 받게 될 것입니다.

▶ 성찰
이 장에서 배운 것을 토대로, 당신이 가지고 있는 구체적인 비전을 "돕기" 위해 당신이 할 수 있는 일이 무엇인지 적어 보십시오.

....
....
....
....
....

▶ 암기

여호수아 1:8

이 율법책을 네 입에서 떠나지 않게 하고 주야로 그 안에 있는 것을 묵상하여 그 안에 기록된 모든 것대로 지켜 행하라. 그리하면 네가 너의 길을 번영하게 만들 것이고 네가 좋은 성공을 이루리라.

▶ 요약

이 장에서 배운 것을 요약하십시오.

▶ **핵심사항들**

a. 하나님이 당신에게 비전을 주시기를 기다리지 마십시오. 비전을 창조하십시오!

b. 당신의 상상력은 당신의 창조하는 능력입니다. 상상할 수 있는 것은 무엇이든지 당신은 그것을 창조할 수 있습니다.

c. 참된 묵상은 창조하는 것입니다.

d. 당신의 마음 전체가 당신이 보기 원하는 것에 대한 아이디어로 넘치게 될 때까지 묵상하십시오.

e. 하나님께서 무엇에 관해서든지 어떤 말씀을 주시면, 당신은 그것을 생산할 권리가 있으며, 그것을 창조하는 것은 당신의 마음에서 시작됩니다.

제 13 장

모든 것을 새롭게 보십시오

▶ 목표
모든 것을 하나님의 말씀의 빛으로 보는 것의 중요성을 이해하게 될 것이며, 그것이 당신을 향한 넘치도록 풍성한 하나님의 축복들을 차지하는 데 핵심적인 열쇠입니다.

▶ 성찰
당신의 경력, 사업, 가족, 재정, 사역, 학업 등에 대해 오늘 당신은 무엇을 봅니까? 당신이 바라는 것들에 대한 새로운 마음의 그림을 창조하기 위해 지금 잠시 시간을 가지십시오.

당신이 보는 것

1) 사업에서 :
....
....

2) 경력에서 :
....
....

3) 가족에게서 :
....
....

4) 재정에서 :
....
....

5) 사역에서 :
....
....

6) 학업에서 :
....
....

7) 다른 것들에서 :
....
....

▶ 암기

여호수아 6:1-2

이스라엘 자손들로 말미암아 여리고는 굳게 닫혔고, 출입하는 자가 없더라 여호와께서 여호수아에게 이르시되 보라 내가 여리고와 그 왕과 용사들을 네 손에 넘겨 주었으니

▶ 요약

이 장에서 배운 것을 요약하십시오.

▶ 핵심사항들

a. 하나님의 말씀은 하나님의 마음에 있는 당신의 진정한 모습을 반사시키는 그분의 거울입니다.

b. 하나님께서 당신을 위해 이미 무엇을 하셨든지, 당신이 그것을 차지하기 위해서는 그것을 보아야 합니다.

c. 당신의 비전의 범위가 당신의 축복의 경계선입니다!

믿음의말씀사 출판물

구입문의 : 031-8005-5483 http://faithbook.kr

■ 케네스 해긴의 「믿음 도서관」 책들
- 새로운 탄생
- 재정 분야의 순종
- 나는 지옥에 갔다 왔습니다
- 하나님의 처방약
- 더 좋은 언약
- 예수의 보배로운 피
- 하나님을 탓하지 마십시오
- 네 주장을 변론하라
- 셀 모임에서 성령인도 받기
- 안수
- 치유를 유지하는 법
- 사랑은 결코 실패하지 않습니다
- 하나님께서 내게 가르쳐 주신 형통의 계시
- 왜 능력 아래 쓰러지는가?
- 다가오는 회복
- 잊어버리는 법을 배우기
- 위대한 세 단어
- 하나님의 은사와 부르심
- 그 이름은 "놀라우신 분"
- 우리에게 속한 것을 알기
- 성령을 받는 성경적인 방법
- 하나님의 영광
- 은혜 안에서의 성장을 방해하는 다섯 가지
- 사랑 가운데 걷는 법
- 바울의 계시: 화해의 복음
- 당신은 당신이 말하는 것을 가질 수 있습니다
- 그리스도 안에서
- 말
- 방언기도의 능력을 풀어 놓으라
- 옳은 사고방식 틀린 사고방식
- 속량 - 가난, 질병, 영적 죽음에서 값 주고 되사다
- 네 염려를 주께 맡겨라
- 예언을 분별하는 일곱 단계
- 절망적인 상황을 반전시키기
- 당신의 믿음을 풀어 놓는 법
- 진짜 믿음
- 믿음이란 무엇인가
- 그리스도께서 지금 하고 계시는 일
- 충분하고도 넘치는 하나님 엘 샤다이
- 금식에 관한 상식
- 하나님의 말씀 : 모든 것을 고치는 치료제
- 가족을 섬기는 법
- 조에
- 당신이 알아야 하는 신유에 관한 일곱 가지 원리
- 여성에 관한 질문들
- 인간의 세 가지 본성
- 몸의 치유와 속죄

- 크게 성장하는 믿음
- 하나님 가족의 특권
- 기도의 기술
- 나는 환상을 믿습니다
- 병을 고치는 하나님의 말씀
- 영적 성장
- 신선한 기름부음
- 믿음이 흔들리고 패배한 것 같을 때 승리를 얻는 법
- 믿음의 선한 싸움을 싸우는 법
- 하나님의 계획과 목적과 추구
- 예수 열린 문
- 믿음의 계단
- 당신을 향한 하나님의 계획
- 역사하는 기도
- 기름부음의 이해
- 내주하시는 성령 임하시는 성령
- 재정적인 번영에 대한 성경적 열쇠들
- 어떻게 하나님의 영으로 인도받을 수 있는가?
- 마이더스 터치
- 치유의 기름부음
- 그리스도의 선물
- 방언
- 믿는 자의 권세(생애기념판)
- 믿음의 양식
- 승리하는 교회

■ E. W. 케년
- 십자가에서 보좌까지 무슨 일이 일어났는가?
- 두 가지 의
- 놀라우신 그 이름 예수
- 하나님 아버지와 그분의 가족
- 나의 신분증
- 두 가지 생명
- 새로운 종류의 사랑
- 그분의 임재 안에서
- 속량의 관점에서 본 성경
- 두 가지 지식
- 피의 언약
- 숨은 사람
- 두 가지 믿음
- 새로운 피조물의 실재

■ 스미스 위글스워스
- 스미스 위글스워스의 천국
- 스미스 위글스워스의 매일묵상
- 위글스워스는 이렇게 했다
- 스미스 위글스워스의 능력의 비밀

■ T. L. 오스본
- 행동하는 신자들
- 기적 – 하나님 사랑의 증거
- 새롭게 시작하는 기적 인생
- 좋은 인생
- 성경적인 치유
- 능력으로 역사하는 메시지
- 100개의 신유 진리
- 24 기도 원리 7 기도 우선순위
- 하나님의 큰 그림
- 긍정적 욕망의 힘
- 당신은 하나님의 최고의 작품입니다

■ 잔 오스틴
- 믿음의 말씀 고백기도집
- 하나님의 사랑의 흐름
- 견고한 진 무너뜨리기
- 초자연적인 흐름을 따르는 법
- 당신의 운명을 바꿀 수 있습니다
- 어떻게 하나님의 능력을 풀어놓을 수 있는가?

■ 크리스 오야킬로메
- 여기서 머물지 말라
- 이제 당신이 거듭났으니
- 당신의 인생을 재창조하라
- 이 마차에 함께 타라
- 그리스도 안에 있는 당신의 권리
- 성령님과 당신
- 성령님이 당신 안에서 행하실 일곱 가지
- 성령님이 당신을 위해 행하실 일곱 가지
- 기적을 받고 유지하는 법
- 하나님께서 당신을 방문하실 때
- 올바른 방식으로 기도하기
- 당신의 믿음을 역사하게 하는 법
- 끝없이 샘솟는 기쁨
- 기름과 겉옷
- 약속의 땅
- 예언
- 시온의 문
- 하늘에서 온 치유
- 효과적으로 기도하는 법
- 어떤 질병도 없이
- 주제별 말씀의 실재
- 마음의 능력

■ 앤드류 웍맥
- 당신은 이미 가졌습니다
- 은혜와 믿음의 균형 안에 사는 삶
- 하나님의 참 본성
- 하나님은 당신이 건강하기 원하십니다
- 영·혼·몸
- 전쟁은 끝났습니다
- 믿는 자의 권세
- 새로운 당신과 성령님
- 노력 없이 오는 변화
- 하나님의 충만함 안에 거하는 열쇠
- 더 좋은 기도 방법 한 가지
- 재정의 청지기 직분
- 하나님을 제한하지 마라
- 하나님의 뜻을 발견하고 따라가며 성취하라
- 하나님의 참 본성

■ 기타「믿음의 말씀」설교자들
- 성령의 삶 능력의 삶
- 복을 취하는 법
- 주는 자에게 복이 되는 선물
- 믿음으로 사는 삶
- 붉은 줄의 기적
- 당신이 말한 대로 얻게 됩니다
- 예수-치유의 길 건강의 능력
- 성령 안의 내 능력
- 존 G. 레이크의 치유
- 믿음과 고백
- 임재 중심 교회
- 성령충만한 그리스도인의 지침서
- 열정과 끈기
- 제자 만들기
- 어떻게 교회를 배가하는가
- 운명
- 모든 사람을 위한 치유
- 회복된 통치권
- 그렇지 않습니다
- 당신의 자녀를 리더로 훈련하라
- 오순절 운동을 일으킨 하나님의 바람
- 주일 예배를 넘어서
- 신약교회를 찾아서
- 내가 올 때까지

■ 김진호·최순애
- 왕과 제사장
- 새로운 피조물의 실재
- 믿음의 반석
- 새 언약의 기도
- 새로운 피조물 고백기도집(한글판/한영대조판)
- 성령 인도
- 복음의 신조
- 존중하는 삶
- 성경의 세 가지 접근
- 말씀 묵상과 고백
- 그리스도의 교리
- 영혼 구원
- 새로운 피조물
- 믿음의 말씀 운동의 뿌리
- 1인 기업가 마인드
- 내 양을 치라
- 새사람을 입으라